돈 없어도 나는 재테크를 한다

적게 벌어도 잘사는 마법의 돈 관리법

돈 없어도 나는 재테크를 한다

윤성애 지음

무한

돈을 사랑한 여자, 엄마가 되다

내 삶 중에 가장 잘한 일은 바로 너를 낳은 일이야. 아가야, 네가 살면서 한 가지 꼭 명심했으면 하는 게 있어. 당장 눈앞에 보이는 것에만 얽매이지 말렴. 인생은 길단다. 눈에 보이지는 않지만, 그것보다 더 소중한 게 있을지도 몰라. 반대로 당장은 무언가를 잃는 것처럼 보일지라도 어쩌면 더 큰 걸 얻고 있는 건지도 몰라. 엄마는 널 잘 키워놓고 엄마의 꿈은 조금 뒤에 이뤄도 된다고 생각한단다.

— 네가 태어난 지 259일째 〈육아 일기〉 중

시간이 많이 흘러서 죽는 순간이 오면 돈을 더 모으지 못한 게 후회될까, 아니면 아이에게 엄마가 필요할 때 곁에 있어 주지 못한 게 더 후회될까?

나는 늘 돈을 좋아해왔다. 정확히는 돈을 모으는 일련의 과정 자체를 즐긴다. 그래서 평생 재테크 책을 끼고 살았다. 금융 자격증들도 나 자신이 부자가 되는 법을 알기 위해서 공부했다. 이랬던 내가 지금은 돌 지난 아이를 키우는 육아맘으로 살고 있다. 왜냐하면, 나는 앞 질문 중 후자를 더 후회할 것 같았다. 나에게 아이는 돈 그 이상의 가치다. 하지만 전업주부를 바라보는 사람들의 시선이 곱지가 않다. 심지어 어떤 경우에는 가장 가까이 있는 남편마저도 집에서 애 보는 주부를 무시하는 경향이 있다.

한 번은 아이를 데리고 놀이터에 갔을 때다. 옆에 앉아 있던 할머니께서 "일은 안 해? 애 맡기고 돈 벌어야지"라고 말씀하시는데 어른께 대꾸하는 게 실례인 것 같아서 "예" 하고 넘긴 적이 있다. 전업주부를 왜 무시하는가.

전업주부가 하는 일(집안일, 육아)을 대신할 사람을 고용하면 한 달 월급으로 200만원은 주어야 한다. 그런데 전업주부는 이 모든 것을 무급으로 일하고 있다.

하지만 아이러니하게도 일부 사람들은 워킹맘에게 '아이는 팽개치고 일하러 가는 매정한 엄마'라고 말한다. 그렇다면 답은 없는 걸까? 무엇이 옳은 것이고 무엇이 최선의 결정일까?

청소하시는 한 할머니의 말씀에서 현답을 찾을 수 있었다. 포대기에 아기를 안고 엘리베이터를 기다리고 있을 때였다. 할머니께서 "아들이야,

딸이야?"라고 물으시기에 아들이라고 말씀드렸다. 그러자 할머니께서 이렇게 말씀하셨다.

"내가 우리 시어머니 성화에 딸 다섯에 뒤늦게 아들 하나 봤어. 딸들은 나한테 그렇게 잘하는데 그 아들 녀석이 문제야. 이 나이 먹고도 아들 뒷바라지하려고 지금까지 일하러 다니잖아. 시어머니는 죽고 없고 나만 죽어난다. 시어머니는 자기가 키워줄 것도 아니면서……."

그렇다. 전업주부라고 기죽을 이유도 없고, 워킹맘이라고 죄책감 가질 필요도 없다. 어차피 내 아이는 내가 책임져야 한다. 아이를 어떻게 키울지도 내 선택이고 그에 관한 결과도 내 몫이다. 남들의 가치관과 시선은 무시하자. 상대방이 상처라는 선물을 준다고 해도 받지 않으면 그만이다.

이렇게 생각해보면 어떨까? 아이를 더 잘 키울 수 있는 여자가 육아와 집안일을 맡고, 사회적으로도 가장 왕성한 경제 활동 시기인 남편은 바깥

일을 맡는 것이다. 예를 들면 TV를 생산할 때 한 사람이 생산 공정을 다 맡아서 한 개의 TV를 생산하는 것보다 분업을 통해서 각자 잘하는 분야를 맡는 게 훨씬 생산량이 많다.

실제로 외벌이임에도 불구하고 적지 않은 돈을 모으는 경우를 심심치 않게 볼 수 있다. 바로 섬세한 장보기 습관부터 과감한 투자 전략까지 아내만의 재테크 비법이 있기 때문이다.

이러한 아내의 재테크, 누구에게나 도움이 되지 않을까? 그래서 준비했다. 생활밀착형 재테크에 허기진 이들을 위해 엄마의 마음으로 꾹꾹 눌러 담은 비법 한 그릇을!

생활밀착형 재테크 비법? 궁금하다면 Follow me!

— 윤성애

목차

Part 2 ─────────────

엄마의 꿈

chapter 1 엄마의 공부 시간

chapter 2 엄마는 창업 맞춤 인재다

Chapter 3 행복테크

Part1.
아내의 재테크

재테크 워밍~업!

1. 재무 파악하기

결혼 후 처음 한 일은 남편의 통장, 카드, 금융상품(보험, 적금 및 예금, 펀드, 주식, 주택청약종합저축, 재형저축 또는 재형펀드 등), 대출금이 얼마나 있는지 파악하는 일이었다. 그리고 내 통장, 카드, 금융상품과 함께 항목대로 구분해서 적어 보았다.

남편의 경우 결혼비용을 쓰고 남은 금액과 10년짜리 연금저축보험, 급여통장과 신용카드 2~3장이 있었고, 나의 경우 결혼 비용을 쓰고 남은 금액과 통장 하나, 체크카드 한 장이 있었다.

결혼 전 나는 보험에 가입하지 않았었다. 왜냐하면, 일단 보험의 경우 납입기간이 길다. 나의 경우 부모님을 포함해서 친척 중 병으로 일찍 세상을 떠나신 분이 없다. 유전적으로 질병에 걸릴 확률이 낮았다.

전 생애 주기를 보았을 때 큰돈이 들어가는 몇 가지가 '결혼, 주택 마련, 아이 교육비, 노후 자금 마련' 정도인데 일단 첫 번째 관문인 결혼이 언제가 될지는 모르겠지만, 보험의 만기보다는 결혼이 빠를 것 같았다. 그리고 배우자가 수입이 얼마일지 몰랐고, 결혼 후 내가 처녀 때와 같은 수입을 벌지 안 벌지도 몰랐다.

보험에 가입해서 보험금을 받을 확률보다 추후 보험료가 부담이 되서 해지 후 얼마 되지 않는 해약 환급금을 받을 확률이 더 높다고 생각해서 보험에 가입하지 않았다. 실제로 그때 가입을 했더라면 현재 외벌이인 우리 가정에 분명 적지 않은 부담이 됐으리라고 생각한다.

대신 결혼비용을 모으는데 주력했다. 결혼비용을 쓰고 남으면 생애주기 두 번째 관문인 주택 마련에 보태면 될 일이었다. 대신 보험은 결혼 후 수입에 맞춰서 설계하기로 계획했다. 셀프 보험 방법에 관해서는 이후에 자세히 다루기로 하겠다.

부부의 자산과 부채를 합쳐야 하는 이유

일단 밑 빠진 독에 물을 부어서는 안 되기 때문이다. 각각 따로 관리할 시 한쪽이 지출 통제를 잘한다 할지라도 다른 한쪽에서는 그렇지 않을 수도 있다. 부부 중 돈 관리를 더 잘하는 사람이 관리하되 부부 둘 다 수입과 지출이 어떻게 운용되고 있는지 알아야 한다. 이렇게 되면 지출에 대해서 2배로 통제가 되기 때문에 돈 모으기가 훨씬 쉽다.

남편에게 기존에 쓰던 신용카드가 필요하냐고 물었더니 회사 경비 지출이 간혹 있어서 지출 후 청구해야 한다고 필요하다고 했다. 그건 어쩔 수 없으니 그 용도로 쓸 카드 한 장을 제외하고 나머지 카드는 해지하는 게 어떠냐고 했다. 대신 체크카드 만들기를 권유했다.

'금 나와라, 뚝딱! 은 나와라, 뚝딱!' 긁기만 하면 원하는 모든 걸 살 수 있는 신용카드의 매력은 치명적이다. 하지만 가계 경제에 미치는 영향은 더 치명적이다. 신용카드는 엄연히 빚이다. 신용카드가 주는 혜택보다 잃는 게 훨씬 많다. 일단 내가 얼마나 물건을 썼는지 와 닿지 않는다. 그래서 월급날 훅 빠져나간 카드값을 보고 놀라는 사람이 한둘이 아니다. 소비에서 가장 좋은 수단은 현금이다. 내 지갑에서 돈이 나가다 보니 지출이 피부로 와 닿기 때문이다.

하지만 현금을 쓰면 여러 가지 불편한 점이 많다. 현금 영수증 챙기는 게 소홀해질 수도 있고, 현금 찾는다고 수수료가 더 많이 나갈 수도 있다. 그래서 SMS 입출금 내역(한 달에 900원 정도지만 문자 알람으로 아끼는 돈이 훨씬 크므로 무조건 가입해야 한다.)을 신청해서 체크카드를 사용해야 한다. 일단 가지고 다니기에도 편하고, SMS를 신청하고 사용하면 지출이 피부에 직접 와 닿는다. 소비할 때마다 지출이 얼마고 통장에 잔액이 얼마나 남았는지 알 수 있어서 계획적인 소비를 할 수 있다.

남편은 이 카드는 이런 혜택이 있고 저 카드는 저런 혜택이 있어서 돈을 아낄 수 있다고 했지만 틀렸다. 세상에 공짜는 없다. 그만큼의 혜택을 받기 위해 최소 30만원 이상 혹은 50만원 이상의 카드를 써야 할 것이고 지출은 했지만, 통장 잔액이 변하지 않는 치명적인 단점은 과소비 습관을 만들 수밖에 없다. 남편은 신용카드를 쓸 때마다 그 금액만큼 빼서 다른 곳에 넣어두면 되지 않느냐고 했지만, 소비 자체를 자제하는 내게는 카드사가 주는 혜택들보다 1년 회비가 더 나갈 것이라는 이유로 해지했다.

결국, 남편은 1개의 회사 경비 지출용 신용카드를 남겨두었고, 만약 신용카드로 지출 시 그만큼의 금액은 일단 출금해서 다른 통장에 넣어두기로 하였다.

결혼 전후 지출 통제

결혼 준비는 '집'에 초점 맞추기를 추천한다. 결혼식은 길어야 1시간이지만 결혼 생활은 짧아도 30년이다. 혼수를 준비할 때도 카드를 이용하는 것보다 현금으로 사는 것이 할인율이 높았다. 특히 가구의 경우 구매 전 협상은 필수다. 준비할 때 최대한 비용면에서 낭비와 사치를 하지 않는 게 목표였다. 그 결과 적지 않은 결혼 비용이 남았다.

전자제품의 경우에는 카드 결제 시 현금 결제보다 할인율이 더 높았다. 그리고 따져보았을 때 연회비보다 할인금액이 더 크기도 했다. 그래서 발급 후 한 달간은 전월 실적이 없어도 할인이 되는 제휴카드를 만들어서 결제하고 결제한 금액만큼 카드 결제 통장에 돈을 넣어두었다. 그리고 결혼 후 카드사에 전화해서 즉시 결제한 후 카드를 해지하였다(카드 해지를 하지 않은 경우에도 사용한 금액은 즉시 결제 가능). 그러면 결제일까지 기다릴 필요 없이 통장에서 바로 출금이 되니까 계산이 편하다.

이렇게까지 시간을 당겨서 정리한 이유는 월급쟁이 생활을 하면서 신용카드 지출액을 갚기가 쉽지 않기 때문이다. 이런 기회를 통해서 정리해놓지 않으면 월급날 언제나처럼 신용카드 빚이 먼저 빠진 다음 다시 마이너스로 살게 될 것이다. 플러스로 돌아서기 위해서는 먼저 마이너스를 정리하고 0을 만드는 게 순서다. 그래야 월급날 저금을 먼저하고 그다음 잔액으로 계획적인 소비를 할 수 있기 때문이다.

그다음 남편과 내가 결혼식에 쓰고 남은 돈을 합해서 아파트 대출금의 일부부터 상환했다. 매달 내야 하는 대출 이자를 최대한 낮추기 위해서다. 대출 이자는 비용이다. 그냥 없어지는 돈이니까 비용을 최대한 아끼려면 대출금이 적어야 한다. 간혹 돈이 남아돌아도 대출은 안 갚고 예금하는 분들도 보았는데 그건 손해다. 대출 금리는 예금 금리보다 최소 1% 이상 높다. 만에 하나 예금 금리가 대출받던 당시의 고정금리보다 더 높아진다고 가정해도 금리가 역의 관계가 될 정도로 긴 시간 동안 대출이자를 얼마나 많이 내왔을까 생각해봐라. 명심하자. 대출이자는 증발해버리는 돈이다.

단, 예외가 있다. 1년 단위의 적금을 개설 후 만기에 대출금을 상환하는 것이다. 구체적인 목표가 있다면 훨씬 더 빠르게 돈을 모을 수 있기 때문이다.

  지출은 고정지출과 유동지출로 나누어야 한다. 이 항목의 합계를 계산
후 고정 지출로 빠져나가는 돈은 내가 출금이 힘들도록 주거래 은행이 아
닌 다른 은행의 통장을 이용했다.

고정지출
대출 원금과 이자, 남편의 연금저축, 인터넷 요금, 휴대전화 요금, 아파트 관리비, 가
스비, 보험료, 신문대금 등

  대출을 받을 때 만든 입출금 통장은 매달 대출금 이자가 빠져나가는
통장이었다. 그래서 다른 고정지출 항목의 자동이체를 이 통장으로 옮
겼다.

  이렇게 고정지출 통장을 만드는 이유는 한 달에 빠져나갈 돈을 미리 급
여에서 빼서 이 통장으로 이체해 놓아야 혹시나 잔액이 없어서 출금이 안
되는 불상사를 막을 수 있기 때문이다. 만약 출금이 안 되는 경우 과태료
성격의 추가 비용이 더 붙어서 추후 빠져나가는데 그 비용을 백분율로 따
져보면 결코 적은 금액이 아니다. 혹시나 몇 개월이 밀린다면 '원금+이자'
에 이자가 붙는 복리의 마술을 마이너스로 경험하게 될 것이다.

유동지출
식비, 생활용품과 같은 주거비, 의류비, 아이에게 들어가는 비용, 의료비, 문화비, 경조사비, 교통비, 특별비 등

이건 생활비로 나가는 돈으로 아끼면 아낄 수도 있고 쓸려면 더 쓸 수도 있는 유동적인 지출이다. 1억을 벌어도 1억을 쓰면 모을 수 있는 돈은 0원이고, 100만원을 벌어도 60만원을 쓰면 40만원을 저금할 수 있다.

특히 월급쟁이들은 이 유동지출에 집중해야 한다. 들어오는 수입은 일정하므로 통제할 수 있는 게 유동지출뿐이다. 이 유동지출이 얼마인지 알려면 가장 중요한 게 가계부 쓰기이다. 가계부 쓰는 건 100번을 강조해도 지나침이 없다.

2. 한 달에 한 번, 가계부 몰아서 적는 법

남편의 급여 통장을 내가 써오던 주거래 은행으로 바꿨다. 일단 급여통 장을 쓸 때 타 은행 이체수수료가 들지 않는 게 가장 큰 장점이었고, 급여 통장에 연계된 체크카드 발급 시 어느 ATM에서나 현금 인출 시 수수료가 없는 혜택이 있었다.

혜택까지는 안 바래도 내 주머니에서 돈을 빼앗아가는 건 용납이 안 된 다. 특히 수수료 같은 경우 내 돈 내가 찾는데 수수료를 내야 하는 건 불 합리한 일이기에 수수료에 초점을 맞춰서 주거래 은행을 옮겼다.

주거래 은행에 체크카드를 연동해서 쓰면 한 달 지출내용을 인터넷으 로도 한눈에 볼 수 있는데, SMS문자 명세로도 쉽게 파악할 수 있다. 가계 부 쓰는 게 힘든 이유는 매일 해야 되기 때문이다. 특히나 아이를 키우면서 매일 적는다는 건 불가능에 가깝다. 당일에 못 쓰고 며칠이 지나 가계부를 펼치면 뭘 샀는지 기억에서 지워지고 없다. 생각나는 대로 다 적어 보았는데 잔액이 맞지 않으면 가슴 깊은 곳에서 열불이 실실 올라오다가 결국 '에라, 모르겠다' 하고 가계부를 덮는다. 그렇게 그해의 가계부와는 영영 이별이다. 하지만 체크카드 하나로만 사용하면 한 달이 밀리더라도 하루 만에 적을 수 있다. 이것이 메모의 힘인가 싶기도 하다.

처음 가계부를 적을 때는 '내가 이걸 왜 샀지?'라는 자책감은 내려놓고 숫자 쓰기 연습한다는 생각으로 편하게 적어가라. 가계부를 쓰는 이유는 우리가 어느 부분에 돈을 많이 쓰고 한 달에 얼마 정도를 지출하고 있는지 알기 위해서다. 그리고 외벌이라면 가계부가 특히 더 필요하다. 가계부는 앱을 사용하기보다는 수기로 적는 걸 추천한다.

결혼 전 가계부 앱을 잠시 써본 적이 있는데 카드사에 한 건, 은행사에서 잔액 한 건 해서 2건 연속으로 SMS가 왔을 때 무슨 일에서인지 앱에 잘못 기재되면서 잔액이 맞지 않기 시작했다. 처음에 그 오류를 발견하지 못하다가 나중에 보니 실제 남은 잔액과 상당히 차이가 있었고 어디서부터 잘못되었는지 찾는데 많은 시간을 허비했었다.

요즘에는 업데이트를 자주 하니 괜찮아졌을 수도 있겠지만 이것 말고도 수기로 적을 때의 장점이 많다. 일단 수기로 작성하면 기록이 삭제될 일이 없다. 필요할 때마다 책장에서 바로 꺼낼 수 있는 접근성도 뛰어나다. 그리고 손으로 적으면서 지출에 대해서 다시 한 번 곱씹어 볼 수도 있다. 그리고 무엇보다 가계부는 부부가 공유해서 볼 수 있어야 한다.

월말 결산을 하고 나서 남편에게 수입과 지출 내용을 말해준다. 급여와 급여 외의 금액이 얼마나 들어왔고 어떻게 쓰였는지 그달 저금은 얼마나 해서 적금 통장에는 총 얼마의 잔액이 있는지 얘기해주면서 피드백을 할 수 있다.

가령 가계부를 쓰지 않으면 돈이 어떻게 쓰이는지 모르기 때문에 "돈이 왜 없어?"라고 남편이 물을 수 있다. 정확한 데이터가 필요하다. 입장을 바꿔 생각해보자. 아무리 부부라고 해도 내가 버는 돈으로 생활하는데 그 돈이 어떻게 쓰였는지 내가 모른다는 게 말이 되나. 가계부를 쓰고 월말마다 이야기해주면서 신뢰를 쌓는 건 가계부의 또 다른 장점이다.

<가계부 적는 법>

1. SMS문자 알림서비스를 신청 후 문자 명세서를 보면서 해당 날짜에 사용한 지출 내용과 잔액을 기재한다.(장본 세부내용을 적을 필요는 없음)

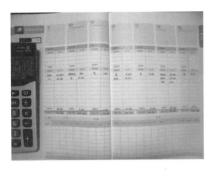

2. 지출내용과 입금내용의 합계를 내어 당일 합계를 적는다.

3. 전일 잔액-당일 합계≠미리 적어놓은 당일 잔액 → 문자 확인 후 빠진 내용 기재

전일 잔액-당일 합계=미리 적어놓은 당일 잔액 → 4번으로 진행

4. 항목 분류대로 합계 내기

5. '지출합계≠합계 분류 총합계' → 빠진 내용 확인

  '지출합계=합계 분류 총합계' → 누계 적기

  (누계=지난 주에 적은 항목별 합계+이번 주에 적은 항목별 합계)

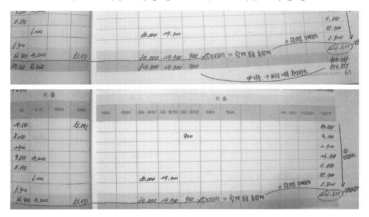

(월계=주별로 합산해서 적은 마지막 주 누계)

보통 직장인들의 월급날은 20일대인 경우가 많다. 월급이 20일이라고 해서 가계부도 20일부터 19일까지 합산할 필요는 없다. 1일부터 월말까지 기재해서 수입과 지출 내용을 확인하면 된다. 어차피 가계부는 우리가 돈의 흐름을 보기 위한 것이다.

이렇게 월계를 보면 그달의 수입이 얼마고 항목별로 지출금액이 얼마인지 확인할 수 있다. 매달 월계를 기재하면 항목별로 평균지출 금액을

알 수 있으므로 이번 달의 어떤 항목이 평소보다 지출이 더 큰지도 알 수 있다. 자, 이제 본격적으로 항목별 절약 방법에 대해서 살펴보도록 하자.

Chapter 1

지키기
— 돈 나갈 구멍을 막아라

1. 고정지출 절약법

고정지출 비용을 월급날 고정지출 항목의 합계금액만큼 고정지출 통장에 따로 이체한다. 고정지출에는 대출금, 통신비, 수도, 전기, 가스 등 수도 광열비와 아파트 관리비, 보험료, 재산세 및 각종 세금, 신문 대금 등이 있다.

01. 대출 원금과 이자

결혼을 할 때 부부의 형편에 맞게 집을 장만한 덕분에 대출이자가 많지는 않았다. 가진 금액에 맞지 않게 많은 대출금을 끼고 큰 집을 사는 것은 돈을 썩히는 것과 같다.

'실투자금'이라는 말에 속지 말자

요즘 주택분양 광고에는 '3000만원으로 내 집 장만!'이라고 적혀 있다. 상가의 경우에도 '실투자금 3000만원!'이라고 적혀 있다. 그런데 막상 보면 현금은 3000만원만 들어갈지 몰라도 대출금은 수억원을 받아야 한다.

심지어 매매가격을 낮춰서 적는 다운계약서와 반대 개념인 실제 매매가격보다 더 높은 금액을 적는 '업계약서'를 작성하기도 한다. 가령 실제 매매가격이 3억원이라고 치면 계약서에는 3억 5000만원으로 허위 작성하는 것이다. 이렇게 업계약서를 적는 이유는 대출을 많이 받기 위해서다.

그런데 적지 않은 사람들이 대출을 받아서 사는 게 빚이라고 생각하지 않는다. 하지만 대출금은 공짜가 아니다. 엄연히 갚아야 할 돈이다. 만약 1억 5000만원의 가치를 지닌 주택을 업계약서로 은행에서 받을 수 있는 대출금의 한도보다 더 높은 금액인 1억 2000만원까지 대출을 받고 3000만원만 현금을 주고 샀다고 해도 이건 3000만원에 산 것이 아니라 대출금을 포함해서 1억 5000만원에 산 거다.

대출받은 집은 명의만 본인 것이지, 본인 소유가 아니다. 엄밀히 말하자면 은행과 공동 소유이고, 은행이 빌려준 돈이 많다면 본인 소유라기보다는 은행 소유다.

업계약서와 다운계약서 둘 다 문제점이 많다.

다운계약서 — 매매가격보다 낮은 매매가격을 적은 계약서

매수자의 경우 매수한 시점에 취득세가 적을지 모르지만, 나중에 집값이 오르면 추후 매도 시 내야 할 양도소득세가 많아진다. 양도소득세는 처음 매수가격과 매도가격의 매매차익으로 산정되기 때문이다.

매수자가 현재 무주택자면 추후 1가구 1주택자로 양도소득세가 비과세되므로 다운계약서 쓰는 조건으로 금액을 조금 깎아서 산다고 해도 문제는 생길 수 있다. 일단 적발되면 과태료를 물어야 하는 위험을 안아야 하고, 1가구 1주택자라고 하더라도 양도소득세 비과세 혜택을 받지 못한다. 설사 적발이 안 되더라도 2년 안에 팔게 되면 1가구 1주택자라고 해도 비과세 혜택을 받을 수 없으니 양도소득세를 과하게 내야 하는 경우가 생길 수 있다.

업계약서 — 매매가격보다 높은 매매가격을 적은 계약서

매매가격이 높으니 취득세를 많이 물어야 한다. 나중에 집값이 오르면 양도차익에 대한 양도소득세가 적어질지는 모르겠지만, 집값이 내리면 의미 없이 취득세만 많이 지급한 셈이 된다.

집을 사면 정직하게 원래 주고받았던 금액으로 계약서를 적어야 한다. 그래야 향후 집값이 오를지도 모르고, 내릴지도 모르는데 불필요한 손해를 입지 않는다.

살기 위해 집을 사자

집은 매매차익을 위해서 사면 안 된다. 살기 위해서 사야 한다. 매매차

익을 위해서 살 때 대출까지 받아서 산다면 위험성은 더 커진다. 가격은 수요와 공급에 따라 움직인다. 수요보다 공급이 많아지면 부동산 가격이 하락할 수 있다. 실제 데이터만 보더라도 부동산 가격이 무조건 오른다고 할 수 없다. 대출을 받아서 산 아파트가 가격이 내려가면 갚아야 할 대출금과 이자만 많아지는 꼴이 된다.

반대로 살기 위해서 집을 사면 집값이 오르든 내리든 상관이 없다. 집값이 올라서 집을 팔고 당장 다른 집을 사려고 하면 다른 집도 가격이 올라 있다. 가격이 내린다면 지금 사는 집이기 때문에 당장 팔 것도 아니니까 가격 변동이 의미가 없다.

물론 실거주 목적으로 매매했다고 하더라도 매매 시 대출금은 월세보다 적은 금액이어야 한다. 그리고 대출금이 생활하는데 부담이 될 정도면 안 된다. 만약 금리가 오른다면 위험이 커지기 때문이다. 대출 원리금은 집값의 30% 이하, 월급의 30% 이하로 받는 것이 위험성이 낮다. 하지만 비율만으로 판단하기에는 무리가 있다.

가령 집값이 2억이라면 대출금은 2억의 30%인 6000만원 정도이지만, 집값이 4억이라면 대출금은 1억 2000만원 상당이다. 월급도 마찬가지다. 월급이 100만원이라면 30%는 30만원이지만, 월급 500만원의 30%는 150만원이다. 즉, 집마다 상황이 다르므로 본인이 부담할 수 있는 집값과 대출금의 황금비율을 생각해보자.

예를 들어, 2%의 저금리로 아파트 대출을 받는 상황 중에 금리가 4%로 오르게 되면 일단 부담해야 하는 이자가 2배로 뛰게 된다. IMF 당시 금리는 20%대까지 치솟았었다. 그때 돈을 맡겼을 때의 예금금리가 20% 정도였으니 대출금리는 그보다도 훨씬 높았을 것이다. 그러면 IMF와 같은 위험이 닥치면 2%대 대출이자가 10배가 된다는 소리다. 물론 위험을 회피하는 방법은 있다.

1. 저금리일 때 대출을 받는다면 향후 금리의 변동이 없는 고정금리로 대출을 받는다.
2. 만약 대출을 받은 후 금리가 더 많이 떨어지면, 금리가 더 낮은 대출로 갈아탄다.

만약 금리가 높은 상태에서 낮아질 가능성이 크다면, 변동금리를 이용해도 좋지만 이건 단기간의 대출을 쓸 때 이용하는 게 좋다. 변동금리는 대체로 고정금리보다 금리가 더 낮다. 그러나 금리가 변동될 위험을 안아야 하므로 가능한 한 고정금리로 대출을 받자.

그런데 고정금리라고 해도 금리 변동은 다른 위험을 야기할 수 있다. 기업은 100% 자기 자본으로 회사를 운영하는 것이 아니다. 기업도 은행에서 돈을 빌려 그 돈으로 회사를 운영하고 투자를 하기도 한다. 그래서 금리가 오르면 기업의 대출 부담이 커지고 기업으로서는 살아남기 위해서 구조 조정을 할 수 있다.

심지어 재무건전성이 낮은 기업의 경우에는 부도가 날 수도 있다. 그러면 그 기업에 다니던 직원들은 구조조정을 당하거나 부도로 인하여 실업자가 된다. 그 직원 중 한 명이 내 남편이 안 되리라는 보장이 없다. 만약 남편이 실업자가 되면 보험료도 부담이 되어서 해약할 수 있는 판국에 지금까지 내고 있던 대출 이자가 부담이 안 될 리가 없다. 대출받은 금액이 많으면 많을수록 위험은 더 커진다.

그래서 될 수 있는 대로 대출을 안 받고 집을 사는 게 제일 좋다. 하지만 대출을 안 받고 집을 사기란 쉬운 일이 아니다. 대신 어떤 집을 선택하느냐에 따라서 대출금액을 조정할 수는 있다.

나의 경우 평수는 작더라도 향후 2~3년 안에 대출금을 모두 상환할 수 있는 집으로 알아보았다. 아이가 클수록 드는 비용이 많아질 텐데 대출금이 고정적으로 나가게 되면 나중에 큰 부담이 되리라 판단했기 때문이다. 더구나 남편이 회사를 옮길 확률도 낮아서 전세가 아닌 매매로 집을 구했다. 만약 1~2년 안에 다른 지역으로 가야 했다면 전세를 구했을 것이다.

전세의 위험

집값이 내리면 그때 집을 사기 위해서 전세를 구하는 일은 없었으면 좋겠다. 집주인의 입장에서 2가지 측면으로 생각해보자.

집값이 오르고 있다!

집값이 오를 것으로 예상해서 본인 집 말고 투자용으로 집 한 채를 더 사서 전세를 놓는다고 가정하자. 그런 집주인들이 많다면(공급 과잉) 전셋값이 대체로 낮은 상태일 것이다. 만약 이때 신혼부부가 전세로 집을 구한다면 추후 집주인들의 기대처럼 집값이 올랐을 경우, 전세계약이 끝난 후 집 사기가 더욱 힘들어질 것이다. 물론 만기 때 다른 전세를 구할 수도 있다. 하지만 매매가격이 오른 만큼 전셋값이 올랐을 가능성이 크다.

집값이 떨어지고 있다!

만약 집주인들의 기대와는 달리 부동산 가격이 내려가는 추세에 있다면 집주인들 관점에서 대출이자까지 지급하며 투자용으로 집 한 채를 더 끼고 있을 필요가 없다. 그렇다고 집값이 내려갈까? 전세 공급이 줄면 전세를 구하는 사람들이(수요 초과) 많아지면서 전셋값이 올라갈 것이다. 요즘 같은 경우 전셋값이 상승하고 있는데 오히려 전셋값이 많이 올라서 전셋값이 매매가격을 끌고 올라가는 상황이다.

결혼 10년 차가 된 한 부부는 결혼할 때 집값이 내리면 집을 사려고 30평 후반대 전세를 구했다. 하지만 생각보다 집값은 내려가지 않았다. 그래서 만기가 되면 다른 전셋집을 구했다. 전세 기한이 끝날 때마다 전셋값이 올라서 이번에는 20대 초반대의 아파트로 옮겼다. 2년마다 이사 갈 때 드는 이사 비용도 적지가 않다. 100만원이라고 해도 5번 이사하면 500만원이다. 물론 이 경우와 반대로 신규 주택 공급이 많아진다면 집값이 내려갈 수도 있다.

미래를 추측해서 집을 사려고 하는 건 위험한 행위다. 우리는 엄마다. 아이를 위해서라도 최대한 위험이 적은 안전한 경제 환경을 만들어야 한다. 우리는 집값이 내릴지, 오를지 알 수 없다. 우리가 아는 단 한 가지는 미래가 어떻게 될지 모른다는 것이다.

전세에는 또 다른 위험도 있다. 임대인이 전세로 임대한다는 건 빚으로 이 집을 샀을 가능성이 크다. 임대인이 돈이 있다면 다시 내줘야 할 전세보다 돈 되는 월세를 택하지 않았을까. 실제로 빚으로 기업을 연명해가는 좀비 기업이 있듯이 집도 마찬가지다. 대출금과 전세금으로 다른 집을 산다. 그리고 그 집에 들어오는 사람에게 전세금을 받고 또 다른 집을 산다. 이런 식이라면 수십 채의 집도 살 수 있다. 문제는 이후부터다.

한 집에서 문제가 생기면 다른 집들은 도미노처럼 쓰러진다. 이 중 어떤 집이 경매까지 가게 될 지 모를 일이다. 이런 집이 주택 시장이 급랭하게 되면 10% 이상 될 수 있다고 하니, 여기에 전세로 들어갈 가능성이 결코 낮은 확률이 아니다.

그래도 전세가 가진 매력은 무시하지 못한다. 만약 월세를 사는데 들어가는 비용이 월 50만원 정도라고 가정하자. 그런데 전세 대출을 받아서 부담해야 하는 대출 이자가 월 30만원 정도라면 1년에 240만원 정도의 돈을 아낄 수 있다.

전세를 다르게 활용할 수도 있다. 국민주택 분양을 받기 위해서는 무주택자이어야 하니, 전세로 살다가 이후에 국민주택을 분양받을 수도 있다.

전세 계약 시 전입신고와 확정일자 받기

전세로 들어가게 되면 제일 먼저 해야 하는 게 '전입신고와 확정일자'를 받는 것이다. 그래야 추후 경매에 넘어간다고 해도 권리 순위에서 대항력과 우선변제권이 생기기 때문이다.

· 전입신고를 하는 이유 → 대항력 취득
· 확정일자를 받는 이유 → 우선변제권 취득

대항력이란, 제삼자에게도 임차권을 주장할 수 있는 권리다. 만약 집이 매매 혹은 경매로 소유주가 바뀌더라도 부동산의 계속 사용, 수익은 물론 보증금까지도 새로운 소유주에게 돌려달라고 주장할 수 있는 권리다. 쉽게 말해, 대항력이 있는 임차인은 새로운 소유자에게 보증금을 받기 전까지 합법적으로 집을 비워주지 않아도 된다는 뜻이다.

대항력을 가지려면 대항요건인 '주택의 인도(점유)+주민등록(전입신고)'을 갖추어야 한다. 그러면 추후 주택의 소유권이 매매를 통하여 제삼자에게 이전된 경우, 임차인이 새로운 소유주에게 대항력을 주장할 수 있다. 그러나 경매는 다르다. 대항력을 가지려면 먼저 대항요건을 갖춰야 한다. 그리고 전입신고일자가 말소기준권리보다 빨라야 선순위 임차인으로서 대항력을 주장할 수 있다.

"말? 소? 뭐? 기준??" 아우성이 여기까지 들려오는 것 같다. 멘붕이 오기 전에 경매에 대해서 잠깐 짚고 넘어가자. 경매라고 하면 막연히 어렵다고 생각되지만 그렇지 않다.

경매보다 빨래가 더 어렵다. 세탁 후 지워지는 얼룩과 안 지워지는 얼룩의 기준이 뭔지, 각종 얼룩은 어떻게 세탁해야 하는지 방법을 모르겠다. 얼룩의 종류에 따라 물파스, 양파즙, 레몬즙 등 상상 이상의 방법이 있기는 하던데… 하, 쉽지 않다. 난 아직도 아이 옷에 묻은 카레 자국을 어떻게 지워야 하는지 모른다. 비누로 노란 카레 얼룩을 문지르면 빨갛게 되는 이유는 대체 뭘까. 미스터리다.

그런데 부동산은 등기부등본에 덕지덕지 붙은 각종 권리의 세탁이 쉽다. 바로 경매를 통해서다. 경매는 세탁 후 지워지는 권리와 그렇지 않은 권리의 기준이 확실하다. 이 소멸의 기준이 되는 권리가 '말소기준권리'다. 말소기준권리를 포함한 뒤의 권리는 지워지고, 말소기준권리 앞의 권리는 소멸하지 않고 낙찰자에게 넘어간다. 말소기준권리가 될 수 있는 권리는 '(근)저당권, (가)압류, 담보가등기, 경매개시결정기입등기' 등인데 이 중 등기일이 가장 빠른 권리가 말소기준권리가 된다. 예를 들어보자.

 재테크 노트

예시1.
1순위. 임차권
2순위. 저당권
3순위. 담보가등기

⇒ 최선순위의 말소기준권리인 2순위 이하 소멸. 1순위 선순위 임차권은 낙찰자에게 인수.

예시2.

1순위. 근저당권
2순위. 임차권
3순위. 가압류
⇒최선순위의 말소기준권리인 1순위 이하 모두 소멸.

다시 말해, 말소기준권리보다 전입신고가 늦으면 말소기준권리를 포함한 후순위권리는 매각 시 소멸하므로 후순위 임차인은 대항력이 없다.

우선변제권이란, 전입신고와 확정일자를 받게 되면 추후 경매나 공매 시 임차주택의 매각대금에서 후순위권리자 또는 그 밖의 채권자보다 우선하여 배당받을 수 있는 권리를 뜻한다. 이때 확정일자만 받으면 되는 게 아니라 대항요건이 먼저 전제되어야 한다.

만약 보증금이 증액되면 증액된 보증금에 대하여 다시 확정일자를 받아야 하고, 증액된 보증금에 대한 우선변제권은 이전의 확정일자로 소급하지 않고 확정일자를 다시 받은 날짜부터 효력이 있다. 그리고 성립 요건을 갖춘 소액 임차인일 경우 경매개시결정등기 전에 대항요건을 갖추면 보증금 중 일정 금액을 경매나 공매 시 다른 물권자보다 우선 받을 수 있는데 이를 '최우선변제'라고 한다. 하지만 최우선변제는 보증금 중 받을 수 있는 범위와 기준이 주택 가액의 1/2을 넘지 못한다는 단점이 있다.

여기서 잠깐! 최우선변제를 받을 수 있는 소액임차인, 보증금 중 일정액의 범위와 기준에 대해 살펴보자. 소액임차보증금의 보호 범위에 포함될 경우 경매에서 선순위 담보권자보다도 우선 배당을 받을 수 있다.

기준시점	지역 구분	보증금 범위	최우선변제금
2001. 9. 15~ 2008. 8. 20	수도권 중 과밀억제권역	4000만원	1600만원
	광역시(인천, 군 제외)	3500만원	1400만원
	그 밖의 지역	3000만원	1200만원
2008. 8. 21~ 2010. 7. 25	수도권 중 과밀억제권역	6000만원	2000만원
	광역시(인천, 군 제외)	5000만원	1700만원
	그 밖의 지역	4000만원	1400만원
2010. 7. 26~ 2013. 12. 31	서울특별시	7500만원	2500만원
	수도권 중 과밀억제권역	6500만원	2200만원
	광역시(군 제외), 용인, 안산, 김포, 광주	5500만원	1900만원
	그 밖의 지역	4000만원	1400만원
2014. 1. 1~ 2016. 3. 30	서울특별시	9500만원	3200만원
	수도권 중 과밀억제권역	8000만원	2700만원
	광역시(군 제외), 용인, 안산, 김포, 광주	6000만원	2000만원
	그 밖의 지역	4500만원	1500만원
2016. 3. 31~	서울특별시	1억원	3400만원
	수도권 중 과밀억제권역	8000만원	2700만원
	광역시, 세종시, 용인, 안산, 김포, 광주	6000만원	2000만원
	그 밖의 지역	5000만원	1700만원

하지만 주의할 점이 있다. 소액임차인의 기준이 지역별, 연도별로 달라진다는 것이다. 예를 들어보자. 2016년 6월 1일에 세종시 소재 주택을 보

증금 5500만원에 전세계약을 체결하고 당일에 전입신고를 한 임차인은 세종시 보증금 범위인 6000만원 이하에 해당하므로 2000만원까지 보장 받을 수 있을 것이다.

하지만 임차인의 전입신고 이전에 선순위 담보물권이 있다면 얘기가 달라진다. 가령 주택에 2010년 5월 20일 은행의 근저당권이 선순위로 설정되어 있다면 2010년 6월 1일에 전입 신고한 임차인은 소액임차인 대상이 아니다. 기준시점이 '2016년 3월 31일'로 보는 것이 아니라 최초담보물권설정 일자인 '2008년 8월 21일~2010년 7월 25일'의 기준에 따라 (세종시가 따로 정해져 있지 않으므로) 그 밖의 지역인 보증금 4000만원 이하의 임차인만 소액임차인에 해당하기 때문에 보증금이 5500만원인 임차인은 소액임차인으로 보장받을 수 없다.

왜 기준시점이 임대차 계약 체결 시점이 아닌 최초담보물권설정 일자일까? 소액임차인을 보호하기도 하지만 최선순위 담보권자도 보호받을 수 있어야 하기 때문이다. 그래서 보통 근저당권의 경우 최우선변제금액과 대출 이자 등을 고려하여 대출금액보다 일정 금액 이상으로 설정하는 게 아닐까.

임대차계약을 할 때는 부동산의 지역, 등기부 등본의 선순위 담보물권 설정 일자와 채권최고액을 살펴보고 계약을 체결하도록 하자. 지역별 소액임차인의 범위는 대법원 인터넷 등기소에서 쉽게 확인할 수 있다. 잊지 말자! 최우선변제의 기준시점은 본인의 임대차 계약 체결 시점이 아니라, 최초담보물권 설정 일자다. 그리고 담보물권은 경매의 말소기준권리와는 다르다. 담보물권은 저당권, 근저당권, 담보가등기 등을 말하며, 가압류, 압류는 담보물권이 아니므로 여기에 해당되지 않는다. 담보물권이 아예 없다면 기준시점은 경매개시결정 등기일이 된다.

참고로 임차권등기명령에 따른 등기 이후에 임차한 임차인도 확정일자에 의한 우선변제권은 인정되나 최우선변제를 받을 권리는 없다.

임차권등기명령이란, 임대차 종료 후 보증금을 돌려받지 못한 임차인이 대항요건을 유지하기 위해 임차주택의 소재지 관할 법원에 임차권등기명령을 신청하는 제도이다. 임차주택이 경매에 넘어간다면 배당요구종기 내에 배당을 요구해야 하고 배당요구종기까지 대항요건을 유지해야 우선변제권과 최우선변제권이 유지되는데, 이사를 해야 한다면 곤란해질 수 있다. 하지만 임차권등기가 완료되면 임차인이 이사하더라도 대항력 및 우선변제권을 그대로 유지할 수 있다. 그리고 임차인은 임차권등기에 소요된 비용을 임대인에게 청구할 수 있다.

등기부등본에서는 1순위지만 경매에서는 1순위가 아니라고?

전세로 들어갈 당시 등기부등본에서 선순위에 있다고 해도 경매의 배당순위는 1순위가 아니다. 예를 들어 2015년 1월 1일에 입주를 하고 주민등록(전입신고)과 확정일자를 받았다고 치자. 그러면 주민등록은 다음 날 0시부터 효력이 발생하고, 확정일자는 당일 효력 발생이므로 결국 대항력과 우선변제권은 2015년 1월 2일에 생긴다.

주민등록 → 다음날 0시부터 효력 발생
확정일자 → 당일 효력
☞ 다음날 대항력과 우선변제권 취득

　전세로 들어올 당시 등기부등본에 다른 전세권, 가등기, 저당권 등의 설정이 없었다고 가정하자. 하지만 내가 선순위 임차인이라고 해도 주택이 경매로 넘어갈 시에 처분 금액을 제일 먼저 받을 수는 없다. 경매에서 1순위는 내가 아니다. 일단 체납처분비가 1순위이고, 소액임차보증금과 최종 3개월분의 임금채권이 2순위, 그 재산에 부과된 국세, 지방세 및 가산금(이하 당해세)은 3순위로 법정기일이 저당권 등의 설정일보다 앞서는지에 관계없이 항상 우선이다.

　법정기일이란, 조세채권과 저당권 등에 의하여 담보된 채권 간의 우선 여부를 결정하는 기준일을 말한다. 신고에 의해 납세의무가 확정되는 조세의 법정기일은 신고일, 부과 결정하는 조세의 법정기일은 납세고지서의 발송일이다.

　재산에 부과된 지방세는 재산세, 지역자원시설세(특정 부동산에 한함), 지방 교육세(재산세와 자동차세에 부과되는 경우에 한함), 자동차세(자동차 소유에 대한 자동차세에 한함)가 있고, 국세로는 종합부동산세, 상속세, 증여세가 있다.

이를테면 당해세의 법정기일이 2015년 10월 1일이라고 해도 내 순위보다 선순위에서 처분금액을 먼저 가져간다. 그렇다면 만약 시세 1억 5000만원의 주택이 경매에서 1억원에 낙찰되었다고 치자. 그런데 내가 선순위 임차인이어도 전세보증금이 1억이라면 1억 전부를 받을 수가 없다. 제일 먼저 체납 처분금액이 500만원이라면 1억에서 500만원을 제한 금액인 9500만원, 당해세가 1000만원이라면 1000만원을 제한 8500만원이 최종적으로 내게 떨어지는 금액이다. 그래도 괜찮다. 선순위 임차인은 보증금을 모두 돌려받기 전까지 집에서 버틸 수 있는 강력한 슈퍼파워~! 바로 '대항력'이 있으니까!

법원에서 보증금의 전액을 배당받지 못하더라도 새로운 소유주(낙찰자)가 선순위 임차권을 인수해야 하므로 낙찰자에게 나머지 보증금을 받을 수 있다. 그리고 후순위 임차인이라 해도 앞에 채권액이 그리 많지 않은 근저당권만 있다면 대위변제(대신 갚음)를 통해 선순위 임차인이 되어 보증금을 지키는 방법도 있을 것이다.

하지만 선순위 권리가 많은 후순위 임차인이라면? 부동산이 경매로 넘어가면 선순위 권리와 예상치 못한 당해세 등에 밀려 보증금을 다 받지 못할 수 있고 보증금 일부를 못 받더라도 이사를 나가야 하는 경우가 생길 수 있다. 기존 임대인의 다른 재산이 있다면 그 재산에 압류를 걸어서 받을 수 있겠지만, 다른 재산이 없거나 재산을 빼돌릴 경우 보증금을 받기는 현실적으로 어려울 것이다.

따라서 이런 경우를 피하려면 전세 계약 전 등기부등본을 확인해서 주택담보대출금과 전세보증금을 합친 금액이 부동산 시세의 70% 이하일 때 가급적 계약을 진행해야 한다. 그리고 계약 후에는 가능한 한 빨리 전입신고와 확정일자를 받아 우선변제권을 갖추자. 확정일자 이후에 발생한 일반 조세 및 가산금(당해세 제외)과 후순위권리 등은 확정일자를 받은 임차인의 권리에 우선할 수 없으니까.

명심하자. 재테크에서 무엇보다 중요한 건 가진 자산을 잘 지키는 것이다.

괜찮아, 전세보증보험도 있어

위험을 피할 수 있는 또 다른 방법도 있다. 바로 전세보증보험이다. 임대 기간에 경매 또는 배당시행 후 임차보증금을 받지 못한 경우 보험사에서 대신 전세금을 나에게 지급해주고, 보험사가 집주인을 상대로 전세금을 청구하는 방식이다. 경매 혹은 공매뿐만 아니라 만기가 되었을 때 집주인이 대신 세를 놓고 나가라는 경우에도 전세금을 받을 수도 있다.

전세보증보험의 종류는 2가지다.

1. 주택도시보증공사(HUG)의 '전세보증금반환보증'
2. 서울보증보험(SGI)의 '전세금보장신용보험'

둘 다 우선변제권이 인정되는 선순위 채권이 60% 미만이어야 가입할 수 있다. 다시 말해, 1억짜리 집에 은행의 근저당권이 있는 경우 근저당권이 6000만원 미만이어야 가입할 수 있다. 그리고 두 상품 모두 등기부 등본상 가압류, 가처분, 가등기, 경매신청 등과 같은 처분 제한이 없어야 한다.

 재테크 노트

주택도시보증공사(HUG)의 '전세보증금반환보증'

보증료율이 연 0.15%다. 잔금지급일과 전입신고일 중 늦은 날부터 전세계약 기간의 1/2이 넘기 전까지 신청하면 된다. 일반적으로 전세계약이 2년이기 때문에 1년 이내에 신청하면 된다.

전세계약의 기본적 요건은 임대인이 개인이어야 하고, 1년 이상의 기간을 공인중개사를 통해서 계약해야 한다. 대상 주택은 수도권은 4억 이하, 수도권 외는 3억 이하여야 한다.

전세금반환보증은 보증 한도가 정해져 있다. 아파트의 경우 감정가격의 100%, 주거용 오피스텔 및 연립다세대는 80%, 단독주택 및 다가구는 75%이다.

서울보증보험(SGI)의 '전세금보장신용보험'

보증료율이 아파트는 연 0.192%, 그 외는 0.218%로 주택보증공사보다 다소 높은 편이다. 임대차 기간이 1년 이상이고, 임대차 계약 기간 개시일로부터 10개월이 지나지 않아야 신청할 수 있다. 임대차 계약이 1년인 경우는 5개월 이내에 신청해야 한다.

'서울보증보험(SGI)'은 집주인에게 보증보험 안내서를 보내면서 동시에 집주인 개인정보 수집 정보를 받는 절차를 거쳐야 한다. 이에 반해 '주택도시보증공사(HUG)'의 전세금반환보증은 집주인에게 안내서만 송달될 뿐 따로 동의는 필요하지 않다. 하지만 관계자의 말에 따르면 집주인에게 통지되는 만큼 사전에 임대인과의 협의가 필요하다고 한다.

생각해보면, '선순위채권'이라는 단어만으로도 '뭐라는 건가?' 싶을 텐데 등기부등본을 보면서 LTV(주택담보대출비율)를 계산하고 기본요건을 충족하는지 알 수 있는 사람이 일반인 중에 과연 몇이나 될까.

우린 아이 키우기에도 에너지가 모자라다. 이런 곳에 괜히 에너지 낭비하지 말자. 계약할 부동산이 있다면 계약 전에 미리 등기부등본을 발급받자. 그리고 부동산 가격이 수도권은 4억원 이하, 수도권 외는 3억원 이하라면 보험료율이 저렴한 주택보증공사(HUG)에서 상담을 받고 그 이상이라면 서울보증보험(SGI)에 전세보증보험을 받을 수 있는지 상담을 받자. 참고로 2016년 5월부터는 부동산 중개업소에서도 전세보증보험에 바로 가입할 수 있다.

전세, 월세 만기 후 장기수선충당금 챙기기

아파트관리비에 보면 '장기수선충당금'이라는 항목이 있다. 이 돈은 모아놨다가 나중에 아파트 칠을 할 때나, 장기수선 계획에 따라 주요시설의 교체 및 보수를 할 때 쓰인다. 이건 법적으로 주택 소유주가 부담해야 하는 항목이다. 그래서 임차인은 계약 종료 후 이사 가기 전에 소유주 대신 내왔던 장기수선충당금을 임대인에게 받을 수 있다. 만약 임대인이 장기수선 충당금을 돌려주지 않는다면 소송을 통해 받을 수 있을 것이다. 하지만 몇 만원 때문에 소송을 거는 것은 비현실적이므로 임대인과의 원만한 대화를 통해 장기수선 충당금을 받을 수 있도록 하자.

02. 전기세

전기세는 누진세 때문에 최대한 절약해야 한다. 전기세의 경우 반드시 내야 하는 세금이기 때문에 고정지출로 분류하기는 했으나, 항상 일정한 금액이 아니므로 유동지출로 쓸 수 있는 금액을 늘리려면 전기세를 최소화해야 한다.

에너지 소비효율 등급을 따지자

처음 집을 산 후에 제일 먼저 한 일이 집의 모든 전등을 LED 전등으로 바꾸는 것이었다. 어차피 10년 이상 살 예정이기 때문에 가능했다. 혼수를 준비할 때도 가전제품의 경우 에너지 소비효율 등급을 확인하고 샀다. 이런 노력 덕분에 현재 전기세는 평균적으로 만원 내외, 여름에 에어컨을 틀어도 2만원 내외가 나온다.

친정집의 경우 PDP TV를 줄곧 사용해오면서 전기세가 10만원이 넘게 나왔었다. 아무래도 TV가 전기세의 원인인 것 같았다. 그래서 LED TV로 바꾸었다. TV를 바꾼 후 전기세는 3만원대로 줄었다. PDP TV를 몇 년간 사용하면서 지출한 전기세로 다른 TV 몇 대를 샀어도 더 샀을 것이다.

나중에 가전제품을 살 때 물어보니 초창기 PDP의 경우 수십 개의 전구가 TV 뒤판에서 켜지는 식이라서 전기세도 많이 나오고 TV 앞에 가면 열이 화끈화끈 난다고 했다. 실제로 TV 앞에 있으면 난로가 부럽지 않았다.

TV가 없다면 수신료를 내지 않아도 된다

요즘 가정 내에 TV가 없는 집이 늘어나고 있다. TV가 없다면 전기요금 고지서에 적혀 있는 KBS 수신요금센터(1588-1801)에 전화해서 집에 TV가 없으니 확인하라고 얘기하면 된다. 조사원이 집에 와서 직접 TV가 없는지 확인 후 다음 달부터 TV수신료가 빠진 영수증이 나올 것이다. 1년이면 3만원이니 적지 않은 금액이다.

밥솥을 똑똑하게 이용하자

음식을 데울 때 전자렌지보다는 전기밥솥을 활용하면 추가로 전기가 안 들어간다. 데울 음식을 30분쯤 전에 접시에 받쳐서 전기밥솥에 넣어두면 방금 만든 것처럼 촉촉하고 따뜻하게 데워진다. 수분이 날아가면 맛없는 수육이나 떡 같은 경우, 먹기 30분~1시간 전에 밥솥에 넣어두자.

밥을 할 때 쌀 위에 고구마 혹은 감자를 넣으면 삶은 고구마와 감자까지 맛있게 먹을 수 있다.

03. 가스비

햇볕 잘 들어오는 집이 가스비도 적다

가스비는 여름에는 적게 나오지만, 겨울에는 난방 때문에 금액이 많이 나온다. 남향 집은 해가 길게 들어와 일단 낮에 불을 켜야 하는 시간이 짧아서 전기세를 아낄 수 있고, 무엇보다 겨울철에 보일러를 많이 켜지 않아도 집이 훈훈하다. 그래서 가스비가 햇볕이 잘 들지 않는 집보다 적게 나올 가능성이 크다. 단, 햇빛이 너무 많이 들어오면 여름에 더울 수 있다.

그리고 가스비를 생각한다면 되도록 1층과 꼭대기 층은 피하자. 물론 1층만의 장점도 있다. 1층은 바쁜 아침 엘리베이터를 기다리지도 계단을 내려갈 필요도 없으므로 편리하다. 만약 엘리베이터가 없는 다세대 주택(빌라)이라면 1층에 거동이 불편하신 노인분들이 지내시기에도 괜찮다.

아이가 있는 가정도 1층이 나쁘지 않다. 아이가 친구들을 불러와서 아무리 쿵쿵 뛰고 놀아도 쫓아 올라와 벨을 누를 밑에 층 이웃이 없기 때문이다. 하지만 밑에 층이 없다는 건 온기를 공유할 수 있는 곳이 없다는 말이기도 하다. 그래서 가스비가 많이 나온다.

경험상 제일 불편한 게 여름이었다. 옷조차도 덥게 느껴지는 날 아무리 집안이라 해도 짧은 옷이나 속옷 바람으로 다닐 수가 없다. 속옷 바람으로 있는데 지나가는 사람과 열어놓은 창문으로 눈이 마주친다는 건 누구에게나 유쾌한 일이 아닐 것이다. 벌레는 또 어떤가. 난 다른 집의 방바닥에는 각종 벌레와 개미가 기어다니지 않는다는 것을 고층으로 이사하고 난 뒤에야 알게 되었다.

요즘은 1층이 없고 2층 위치에 1층이 있는 필로티로 설계되는 경우가 많으니 이런 단점은 개선되었을 것이다. 하지만 필로티로 인해 외기접촉면이 많으니 가스비는 더 많이 나오지 않을까.

반대로 꼭대기 층은 어떤가. 1층과는 반대로 쿵쿵거릴 위층이 없다. 그러나 여름에는 태양열을, 겨울에는 냉기를 막아주고 온기를 나눠줄 위층도 없다. 대신 여름에는 태양열을, 겨울에는 냉기를 전도하는 옥상이 있을 뿐이다. 그래서 여름에는 덥고 겨울에는 한기가 내려와서 춥다. 또한 건물이 낡으면 옥상의 갈라진 틈으로 물이 샐 수도 있다.

가스비 예상하기

겨울에 실내온도를 설정해놓고 그보다 온도가 내려가면 보일러가 자동으로 작동해서 가스비가 적게 나온다는데 혹시나 날씨가 추워지면 보일러가 계속 돌아갈까봐 이 방법은 시도조차 안 해봤다. 가스비를 예측할 수 없기 때문이다.

계량기 숫자로 가스비를 예상할 수 있다. 지난달 가스비를 한 달간 가스 사용량으로 나누면 가스계량기 숫자 1에 대한 가스비를 추정할 수 있다. 가령 지난달 가스비가 12만원 정도이고 사용량(계량기의 당월 지침 — 전월 지침)이 120이라면 계량기 숫자 1에 대한 가스비는 1000원 정도였다. 우리 집의 경우 보일러 하루 30분 작동 시 계량기 숫자가 1이 올라갔는데 계산해보니 가스비가 부가세 포함 1000원 정도였다. 그러면 한겨울의 경우 하루 2시간이면 4000원, 10일에 4만원, 30일이면 12만원인데 2016년 1월부터 가스비가 9% 정도 내려서 월 11만원 정도다. 이후로 3월, 5월 연속으로 도시가스비가 인하되서 지금은 요금 부담이 덜하다.

내게 맞는 보일러 방식은?

아이가 태어난 다음 보일러를 바꿨는데 이전에 바꿨더라면 더 나았겠다는 아쉬움이 남는다. 친정집에서는 보일러를 켜고 온수를 틀면 바로 나왔는데, 이 집은 보일러를 켜고 일정 시간이 지난 후야 따뜻한 물이 나왔다. 이유는 이전에 사용해오던 보일러의 방식과 달라서였다.

보일러는 순간식과 저탕식이 있다. 우리집 보일러가 저탕식인지 순간식 보일러인지는 모델명으로 구별할 수 있다.

 재테크 노트

순간식 보일러
온수 탱크 없이 보일러 열교환기로 즉시 온수를 공급하는 방식이다. 예열 없이 난방 및 온수 출력이 빠르다. 바로 데워서 바로 내보내기 때문에 온수를 켜놓더라도 쓰지 않으면 가스가 소모되지 않는다.

저탕식 보일러

온수 탱크가 필요하다. 이 온수 탱크를 가열해서 온수나 난방에 사용한다. 미리 온수 탱크를 데워서 유지해야 하므로 일정 온도를 유지하기 위해 지속적으로 가스가 소모될 수 있다. 온·오프 방식의 저탕식은 설정 온도에 따라 가스 공급과 중단을 반복하는 방식이기 때문이다. 즉, 장시간 사용하지 않을 때도 설정에 따라 가스가 소모될 수 있다.

집에서 목욕하는 것도 아니고 샤워만 하는 우리 집의 경우 대용량 온수에 효과적인 저탕식은 비효율적이었다. 샤워하려고 보일러를 켜면 온수 탱크에 있는 물은 다 데워놓고 일부의 온수만 쓰고 나머지 물은 쓰지 못하니 낭비가 아닐 수 없었다.

그러나 이런 점들은 사용자에 따라 호불호가 갈릴 수 있다. 순간식이 익숙한 나의 경우 이 방식의 이점이 많았지만, 대용량 온수를 선호하는 사람은 저탕식이 더 효율적일 수 있다. 참고로 이런 방식의 문제를 떠나서 보일러가 오래되면 성능이 떨어져서 제 역할을 못할 수 있으니 보일러에 문제가 있다면 일단 점검부터 받도록 하자.

보일러를 바꿀 때 큰 공사가 되지 않을까 걱정했었다. 하지만 기우에 불과했다. 보일러 기사님께서 1~2시간 안에 교체해주서서 대형공사인지 아닌지조차 모를 정도였으니 말이다.

저탕식에서 순간식 보일러로 바꾸고 난 뒤, 날씨가 쌀쌀해져 처음에는 하루에 1시간 동안 보일러를 켜다가 아이도 있는데 온도가 너무 낮은 게 아닌가 해서 2시간 동안 보일러를 켰다. 이렇게 보일러를 켜니 따뜻하기는 했으나 따뜻함이 오래가지는 않았다. 보일러를 켜는 시점은 따뜻하지만, 시간이 조금 지나면 다시 공기가 차가워졌다. 차가운 공기를 2시간 동안 데우는 식이었다. 그래서 방법을 바꿔 보았다.

2시간을 연속으로 켜지 않고 6시간마다 30분씩 켜지도록 예약 기능을 이용했다. 똑같이 2시간을 켜는데도 6시간마다 30분씩 켜지도록 하는 것이 집의 온도도 일정하게 유지되고 2시간 연속으로 켤 때보다 온도도 조금 더 높았다. 결과적으로 온종일 집이 따뜻했다. 물론 집마다 단열 정도가 다르므로 이 방법이 반드시 정답은 아니다. 그리고 보일러의 성능과 평수, 아파트 연식 등의 영향으로 가스비 차이가 날 수 있다.

겨울철, 집에 옷 입히기

이웃집에 갔는데 한겨울에도 후끈후끈할 정도로 보일러를 켜고 집에서 반소매를 입고 다녔다. 가스비를 많이 내면서까지 굳이 저럴 필요가 있을까 싶었다.

나는 겨울철 집에서도 옷 안에 내복을 챙겨 입는다. 아이도 내복을 입히고 내복 위에 옷을 또 입힌다. 그리고 집도 옷을 입힌다. 뽁뽁이와 같이 단열재를 창문에 바르기도 하고 간혹 뿌리는 뽁뽁이를 사용하기도 한다.

무엇보다 중요한 건 문틈과 창문 틈 사이에 바람이 들어오지 않도록 단열재를 사용하는 것이다.

시도해 본 방법 중에 가장 효과적인 방법은 '수도 배관 단열재'였다. 먼저 수도 배관 단열재를 창틀 길이만큼 자른다. 그리고 원모양의 수도 배관 단열재를 반으로 자르면 동그란 단열재가 반달 모양이 된다. 반달 모양의 단열재를 볼록 튀어나온 부분이 위로 가고, 평평한 부분이 밑으로 가도록 창문 아래쪽, 양옆, 위쪽 틀에 끼워주면 찬바람이 들어올 틈이 없다. 그야말로 완벽 차단! 저렴한 비용으로 집 전체에 설치할 수 있다. 단, 단열재를 끼우면 창문 열기가 쉽지 않으니 창문 열 일이 많은 부엌쪽 창문은 제외하자.

04. 자동차세 연납 신청으로 10% 할인 받기

자동차세는 6월과 12월, 1년에 2회 내야 하지만 1년치를 1월에 한꺼번에 내는 이른바 연납 신청 시 10% 할인을 받을 수 있다. 서울에 사는 거주민은 이택스에서 신청이 가능하고, 서울 외의 지역에 거주하는 주민은 위택스에서 신청이 가능하다. 차량 등록지의 구청이나 시청에 전화해서 신청하는 방법도 있다.

자동차세뿐만 아니라 1년에 몇 번씩 내야 하는 세금이 많다. 재산세도 7월, 9월에 50%씩 두 차례에 걸쳐서 나오고, 자동차 보험료도 1년에 한 번 낼 때 목돈이 들어간다. 세금 통장에 돈을 넣을 때 이렇게 간헐적으로 나오는 세금과 겨울에 더 나올 가스비도 생각해서 10만원 정도 추가로 넣고 있다. 그러면 나중에 잔액이 없어서 세금이 안 빠져나갈 일이 없다.

05. 통신비, 알뜰하게 알뜰폰

휴대폰 요금의 경우 요즘 알뜰폰이 나와서 통신비를 많이 절감할 수 있게 되었다. 실제로 부모님께서는 2G 피처폰을 쓰고 있으신데 알뜰폰 통신사로 옮기면서 1시간 40분 무료 통화에 문자 400건이 무료인데도 한 달 통신료 기본료가 3000원이 넘지 않는다. 요즘에는 0원 요금제라고 50분간 통화가 무료인 요금제도 출시되었다.

알뜰폰 통신사의 LTE 요금제의 경우에도 기존 통신회사 요금보다 최대 50% 이상 저렴하다. 알뜰폰 요금제를 사용해도 기존 통신 업체의 통신망을 이용하기 때문에 전화 수신이나 발신이 잘 안 되는 일도 없다. 물론 통신사마다 요금제가 다르니 가입 전 비교는 필수다. 요금제를 선택하기 전에 평소 전화, 문자, 데이터를 얼마나 사용하는지 파악하자. 그리고 평균치에 맞춰서 요금제를 택하도록 하자.

나의 경우 망 내 무제한 요금이라서 부모님이 알뜰폰으로 갈아타실 때 내 통신사와 같은 업체의 알뜰폰 통신망으로 가입시킨 다음, 부모님께서 내게 전화를 하실 때는 벨소리 정도만 울린 다음 끊게 하고 내가 다시 전화를 드린다.

　현재 내가 알뜰폰 요금을 쓰지 않는 것은 내 휴대전화 명의로 패드를 하나 더 추가해서 쓰고 있기 때문이다. 패드를 추가해서 쓰면 내 데이터를 패드와 나눠 쓸 수 있다. 패드 하나까지는 무료로 쓸 수 있으므로 추가 비용도 따로 나오지 않아서 기존 통신사를 이용하고 있다. 하지만 추후 패드를 사용하지 않는다면 알뜰폰으로 갈아탈 예정이다.

06. 경제신문에 돈이 있다

　아이 키우는 엄마가 TV 뉴스 한번 보기란 쉬운 일이 아니다. 우리 아이의 경우 TV에서 수박 깨지는 모습을 보고 자지러지게 놀라면서 울었다. 그뿐이 아니다. 어린이 프로그램에 슈렉 분장을 한 아저씨를 보고 무서워서 운 적도 있다. 그런데 사건 사고 영상을 보여주는 뉴스를 함께 본다면 아이에게 부정적인 영향을 주지 않을까. 그래서 나는 영상매체로 뉴스를 보지 않는다.

　하지만 경제 신문은 다르다. 아직 아이가 글을 몰라서 신문을 읽을 수 없다. 그래서 아이에게 미칠 부정적 영향을 배제하고도 세상과의 연결통로로 쓸 수 있다.

　인터넷 뉴스를 봐도 안 되느냐고 반문할 수도 있다. 인터넷 신문은 자신이 보고 싶은 뉴스만 클릭하기 일쑤다. 그리고 인터넷 뉴스를 보면 기사 내용보다 사람들의 댓글에 눈이 간다. 이 때문에 내 주관적인 판단보다는 오히려 편견만 생길 가능성이 크다.

반면, 경제 신문은 기사 자체에만 집중할 수 있다. 그리고 대부분의 인터넷 뉴스는 메인 화면에 큰 이슈만 나열해있기 때문에 경제의 흐름을 파악하기가 쉽지 않다. 경제 흐름은 한 가지만으로 추측이 어렵다. 변수가 무궁무진하다. 부동산의 시세만 보더라도 지역마다 다르고 정책 혹은 금리가 바뀔 때마다 달라진다. 또한, 분양공급과 수요에 따라서도 또 달라진다. 경제의 흐름을 파악하기 위해서는 부동산, 정치, 경제, 증권, 사회 등 다양한 분야의 기사를 살펴봐야 한다.

경제 신문을 한 글자도 빠뜨리지 않고 읽으려고 하면 이틀만 봐도 지친다. 더욱이 아이를 키우면서 다 읽는 건 불가능하다. 기사 제목을 훑어보는 것만으로도 지금 어떻게 세상이 돌아가고 있는지 추측할 수 있다. 제목을 읽으면서 호감 가는 기사가 있으면 꼼꼼히 읽어보자.

경제 신문을 볼 때는 단순히 기사의 내용만 그대로 받아들이고 끝내면 안 된다. 가령 한국 사회가 고령화되고 있다는 기사를 보면서 '앞으로 실버산업이 뜨겠구나, 이쪽 방면으로 자격증을 준비해두면 나중에 굶어 죽는 일은 없겠다'라고 생각할 수 있어야 한다. 경제 신문을 구독해서 잘 활용하면 만원과는 비교도 안 될 이득을 얻을 수 있다.

경제 신문은 〈매일 경제〉, 〈한국 경제〉, 〈헤럴드 경제〉, 〈머니투데이〉 등이 있다. 나의 경우 〈매일 경제〉 신문을 보고 있는데 여유가 된다면

2~3개를 보는 것도 좋을 것 같다.

07. 보험은 투자가 아니다

셀프 보험 설계하기

보험은 옛날 품앗이나 두레, 계와 같은 상부상조의 개념이라고 봐도 무관하다. 보험 가입자들이 낸 보험료를 모아서 상해 혹은 질병으로 보험금을 받는 사람에게 보험료를 몰아준다고 보면 된다. 우리는 상해로 다칠 확률이나 질병에 걸릴 확률을 모르기 때문에 보험에 가입한다.

보험설계사를 통해 가입하면 가입자에게 맞는 보장담보를 골라서 보험료를 경제적으로 설계해주기보다는 보험설계사의 판매 수당이 많이 남도록 설계할 가능성이 크다. 그리고 비갱신형이 있는데도 불구하고, 가입 시점상 보험료가 저렴해 보이는 갱신형으로 보험을 설계해 주기도 한다. 아니면 가입자를 위한다는 명목으로 위험이 전혀 없도록 이 보험도 넣고 저 보험도 넣으라고 권유한다. 그런데 모든 위험을 방어하려면 월급을 다 털어 넣어도 부족할 것이다.

위험의 개념에 대해 한 번 생각해보자. 집안 뿌리를 흔들어 놓을 정도가 아니라면 위험이라고 할 수 없다. 예를 들어 깁스치료담보는 보험금이 10만원 정도 나온다. 그런데 실제 병원에서 깁스하면 들어가는 비용은 5만원이 채 안 된다. 5만원 정도 치료비는 집안 기둥을 흔들어놓을 정도의 위험이 아니다.

만약 보험설계사의 권유대로 넣을 담보, 안 넣을 담보 구별 안 하고 넣어서 매달 20만원이 넘는 보험료를 내다가 보험료가 부담스러워서 가입한 지 6개월 만에 해지하려고 한다고 가정하자. 그런데 해지하려고 보니 보험료는 120만원을 넘게 냈는데 해약 환급금은 60만원이 채 되지 않는다. (실제로는 해약 환급금이 이보다 더 적거나 없을 수도 있다.)

해지해야 하는데 지금까지 낸 돈이 아까워서 이러지도 못하고 저러지도 못하는 상황에 놓이게 된다. 왜 해약 환급금이 그것밖에 안 될까? 보험료는 순수 우리의 미래만을 위해서 100% 적립되는 것이 아니다. 사업비, 크게는 모집수수료(보험설계사의 몫)와 관리수수료(보험회사의 몫) 등이 빠지고 적립된다. 이 비율이 얼마나 될까? 결론부터 말하자면 상품마다 다르다. 그래서 상품마다 해약 환급금도 다 다르다.

매달 가계에서 나가는 금액 중 보험료가 부담될 정도로 비중이 크다면 유지를 못하고 해약할 가능성이 커진다. 해약하게 되면 가입한 사람만 손해다. 이렇게 되지 않으려면 처음부터 보험 설계를 잘해야 한다.

보험을 체결할 때는 보험설계사를 통해 가입하기보다는 비대면채널인 인터넷 사이트를 통해 바로 가입하기를 추천한다. 인터넷 다이렉트로 보험에 가입하면 매달 내야 하는 보험료가 저렴하다. 판매 수당을 줘야 할 보험설계사가 끼지 않기 때문이다. 최근에는 소비자들을 위해서 만들어진 온라인 보험슈퍼마켓 〈보험다모아〉가 출시되어 보험 비교가 쉬워졌다. 2016년 7월에는 가격비교와 함께 가입까지 가능한 〈모바일 보험다모아〉가 출시되었다.

만약 여건이 안 된다면 비대면채널인 전화로 가입하는 방법도 있다. 그러나 인터넷을 통해 직접 가입하는 상품보다는 보험료가 높다. 이는 텔레마케터의 수수료 등이 사업비에 포함되기 때문이다. 하지만 전화로 가입하는 TM상품의 경우 설계사를 통한 대면상품과는 달리 반드시 가입해야 하는 기본계약의 한도가 낮아서 보험료가 저렴한 경우가 있다.

그러나 언제나 예외는 있는 법, 상식을 비웃기라도 하듯 이런 경우도 있다. 한 예비맘은 전화로 보험에 가입하는 것이 보험설계사를 통해 가입하는 것보다 더 저렴할 것으로 생각했다. 그래서 직장 동료의 태아보험설계서를 참고하여 셀프 설계를 한 후 보험에 가입하고자 전화를 걸었다. 그리고 대화의 마지막, 보험료의 차이가 얼마나 날지 궁금했던 예비맘은 들뜬 마음으로 물었다.

"이렇게 전화로 가입하는 것과 오프라인 보험설계사를 통해 가입하는 것의 보험료 차이가 얼마나 나나요? 많이 나죠?"

하지만 수화기 저편에서 들려오는 뜻밖의 대답.

"똑같은데요?"

그렇다. 어떤 경우에는 TM상품(또는 다이렉트 채널)으로 가입하나 보험설계사를 통한 가입하나 보험료의 차이가 없는 경우도 있다. 그러므로 보험 가입 전에 보장과 보험료를 꼼꼼히 비교하는 것은 필수 중의 필수다.

보험사에 다이렉트로 가입하면 '청구 시에 물어볼 보험설계사가 없어서 불편하지는 않을까?'라는 생각은 접어두어도 된다. 사실 보험금 청구는 간단하다. 가입한 보험회사의 고객센터로 전화해서 어떤 서류가 필요한지 알려달라고 하면 휴대전화로 안내 문자가 온다. 안내 문자에 적힌 증명서류를 병원에 요청해서 보험금청구서와 함께 보험사로 보내면 된다.

가장 중요한 것은 약관을 확인하는 것이다. 깨알 같은 글자가 가득 적힌 두꺼운 약관이 부담스럽게 느껴질 수 있다. 하지만 목차에서 자신에게 해당하는 담보를 찾아서 읽어보면 1~2장 정도로 결코 부담되는 양이 아니다. 예를 들어 암으로 입원했다면 약관의 암진단담보에 해당하는 페이지를 읽어 보는 것이다.

가입자 자신이 본인에 대해서 가장 잘 알고 있다. 그 정보가 가족력일 수도 있고 아니면 자신의 수입일 수도 있다. 자신에게 부담되지 않는 보험료 내에서 셀프 설계한다면 더 합리적인 보험 가입을 할 수 있을 것이다.

단, 주의할 점이 있다. 계약 전·후 지병 등의 알릴 의무를 성실히 이행해야 한다. 사실과 다르면 보험금을 못 받을 수도 있다.

만약 지인이 보험설계사라서 꼭 그에게 가입해야 한다 할지라도 상황은 다르지 않다. 내 인생의 버팀목이 되어줄 보험을 온전히 타인에게 맡길 수는 없는 일 아닌가.

보험, 아는 것이 힘이다!

갱신형과 비갱신형

자, 이제 셀프 보험설계를 위해 보험 유형에 대해서 살펴보자. 크게 2종류가 있다.

비갱신형
가입 시점에 만기까지의 보험료가 결정되며 납입기간 동안 매월 같은 금액을 납입

갱신형
갱신 시점마다 보험료가 오를 수 있으며 만기 시까지 보험료를 납입

예를 들어 가입서류를 보면 비갱신형은 '20년납, 100세 만기'라고 적혀 있다. 20년 동안 보험료를 납입하면 100세까지 보장받을 수 있다는 뜻이다. 반면 갱신형은 '3년 갱신, 100세 만기'라고 적혀 있다. 이 말은 3년마다 보험료가 오를 수 있으며 계속 올라가는 보험료를 100세가 될 때까지 내야 한다는 뜻이다.

보통 처음 가입할 때는 갱신형이 비갱신형보다 저렴하다. 그렇다고 갱신형으로 가입해서는 안 된다. 갱신형으로 가입하면 2가지가 걸린다.

1. 납입기간이 보험기간과 동일하다.

보험은 우연한 사고로 인하여 발생할 수 있는 경제적 손해를 방어하기

위하여 가입하는 금융 상품이다. 그래서 보험은 뭐니뭐니해도 유지가 가장 중요하다. 그런데 갱신형에 100세 만기로 가입하면 99세에도 보험료를 내야 한다는 건데 과연 그때까지 보험을 유지할 수 있을까. 아마 유지가 힘들어서 그 사이 언제든지 보험이 실효되는 상황이 벌어질 수 있을 것이다.

2. 갱신형으로 가입하게 되면 보험료가 얼마나 오를지 모르는 위험을 안고 가입하는 셈이다.

가격이 얼마인지도 모른 채 물건을 사는 경우는 없다. 추후 가격이 얼마나 오를지 모르는 물건을 사면서 70년 분할 납부로 신용카드를 긁어달라고 할 수 있나? 이런 면에서 볼 때 보험 상품에 가입하는 것도 물건을 사는 것처럼 정확한 금액을 알고 가입하는 것이 좋다.

쉽게 말해 갱신형은 피할 수 있는 한 피하는 게 상책이다.

비갱신형 > 갱신형

만기환급형과 순수보장형

만기환급형은 100세가 만기라면 100세가 되었을 때 낸 보험료를 그대로 돌려받을 수 있는 방식이고, 순수보장형은 낸 보험료가 소멸하는 방식이다. 만기환급형은 보험료가 비싸고, 순수보장형은 저렴하다.

만기환급형은 나중에 냈던 보험료를 돌려받으니까 만기환급형이 순수보장형보다 낫지 않을까 하고 생각하는 건 금물이다.

100세가 되었을 때 만기환급금이 2000만원이라고 가정한다면 그 돈이 지금 2000만원의 가치와 같을까? 인플레이션을 고려해보면 지금 2000만원 가치의 반도 안될 가능성이 크다.

20년 전 우리는 100원으로 쌍쌍바 아이스크림을 사서 먹었다. 심지어 반쪽은 친구와 나눠 먹을 수도 있었다. 그런데 지금 쌍쌍바 가격이 얼마인가. 7배 오른 정가 700원이다.

20년 만에 그 정도로 물가가 올랐는데 우리가 100세가 되면 2000만원의 가치가 얼마나 될까. 보험은 순수보장형으로 가입하고 차라리 만기환급형과 순수보장형의 차액 보험료만큼 저금해서 종잣돈을 만드는 게 훨씬 남는 장사다.

만기환급형 < 순수보장형

자수성가해서 남부럽지 않게 살고 계시는 분이 있다.

"30년 전에 보험 파는 옆집 아줌마한테 보험을 하나 들었어. 나랑 남편이랑 가입했는데 당시 보험료가 18만원 정도였지. 그때 남편 월급이 100만원 정도였어. 그래서 이 보험료가 너무 부담되는 거야. 결국, 가입한 지 두 달 만에 해지하고 말았지. 또 모르지. 그때가 아니더라도 이후에 언제든 해지했을지도.

보험에 넣을 돈을 아껴서 집을 샀어. 그리고 집을 산 후 모은 돈은 은행 금리가 높을 때 넣어서 더 큰돈이 됐지. 그렇게 큰돈을 모아서 다른 부동산을 샀고 그 부동산 가격도 올랐어. 그리고 부동산 임대로 세를 받아서 다시 돈을 모았지.

나이 60살 넘도록 병원에 다닌 게 손에 꼽을 정도야. 그때 보험을 해지하지 않았더라면 난 지금 이만큼 잘살지 못했을 거야. 보험 해지한 게 후회는 안 되느냐고? 아니, 지금 와서 보니까 잘했다 싶어. 이제는 내게 보험이 필요가 없거든. 아파도 내 돈으로 병원비를 내면 그만이니까."

이처럼 종잣돈은 중요하다. 그렇다고 보험에 전혀 가입하지 않을 수는 없다. 이분처럼 평생 병원에 갈 일이 없으면 다행이지만, 돈이 없을 때 큰 병에 걸릴 위험이 있기 때문이다.

보장성 보험과 저축성 보험

보험은 크게 보장성 보험과 저축성 보험이 있다.

보장성 보험은 사고나 질병이 발생했을 때 약정된 보험금을 받는 위험 보장 보험이다. 암보험, 종신보험, 상해보험 등이 있다.

저축성 보험은 위험보장기능과 함께 저축 기능을 겸한 보험상품이다. 돈을 모아서 한꺼번에 받는 저축 보험, 일정 기간 나눠서 받는 연금보험 등이 있다.

암보험과 질병보험

보험의 종류는 암보험, 질병보험, 저축보험, 변액보험, 종신보험, 정기보험, 연금보험, 실손의료보험, 운전자보험, 자동차 보험, 태아보험 등이 있다.

암보험이란 암을 집중적으로 보장하는 보험이고, 질병보험이란 각종 질병에 걸렸을 때 입원 및 수술비를 보장하는 보험이다. 보통은 암보험과 질병보험이 하나의 상품으로 묶여 있다. 암보험 혹은 질병보험에 비갱신형으로 가입하면 납입 기간을 10년 납, 20년 납과 같이 선택할 수 있고 보험 기간도 80세 만기, 100세 만기 등으로 선택이 가능하다.

이처럼 비갱신형으로 가입하면 20년 납처럼 납입 기간이 정해져 있으므로 한 살이라도 젊을 때 적은 보험료로 납입 기간을 빨리 채우는 게 낫다. 왜냐하면, 한 살씩 더 먹을 때마다 보험료가 많이 오르고, 가입일이 늦어지는 만큼 가입일로부터 20년 뒤에 경제 활동을 하고 있을지 불확실성이 커지기 때문이다.

보험회사는 계속해서 새로운 보험 상품들을 출시한다. 새로운 보험 상품이 이전의 기존 상품보다 가입자에게 주는 혜택이 커지는 경우는 많지 않다. 이전에 가입자들에게 많은 혜택을 주던 상품들도 시간이 지나면 보장 한도가 줄어들거나, 판매가 종료된다. 그래서 되도록 보험에 가입하려면 하루라도 빨리 가입하는 것이 좋다. 그리고 이 말은 예전에 가입한 보험이 갱신형이 아닌 이상 해약 또는 다른 보험으로 갈아타지 않는 것이 좋다는 뜻이기도 하다.

여기서 잠깐! 위의 내용까지만 적으면 분명 출간 후 친구에게 전화가 올 것 같다. 그리고 아마 이런 상황이 펼쳐지겠지?

친구 셀프 보험 설계는 개뿔! 네 말대로 셀프 보험 설계하려고 보니 뭐가 이렇게 많은지 하나도 모르겠다!

나 워워~ 진정하고~ 지금부터 인생의 버팀목이 되어 줄 보험을 같이 설계해보자. 먼저 담보를…….

친구 뭐? 담보? 집을 담보로 잡아야 해?

나 아하, 용어부터 짚고 넘어가야겠군. 일단 '담보'란 평소에 쓰는 개념과는 달라. 보험에서는 '보험을 구성하는 하나의 항목'을 말해. '보험가입금액'은 보장받을 수 있는 보험금의 기준 금액이야. 그리고 '납입기간'은 보험료를 내는 기간, '보험기간'이란 보장받는 기간을 뜻하지.

친구 아, OK. 이해했어. 아까 하려던 말 계속해봐.

나 설계를 할 때 가장 중요한 건 담보야. 먼저 나무 가지치기 하듯이 수많은 담보 중에서 가입금액이 얼마 안되는 담보는 과감히 잘라내. 골절진단담보나 화상진단담보처럼 가입금액이 몇 십만원 안되는 담보는 위험이라고 할 수 없어. 그런 건 나무의 영양분을 뺏어가는 잔가지일 뿐이야.

자, 그럼 낮은 가입금액에 X표 해봐. 했어?

친구 어, 네 말대로 X표 하고 나니까 좀 낫네.

나 다음으로 중요한 건 내가 가지고 있는 물의 양(납입 가능한 보험료)을 확인하는 일이야. 그러기 위해서는 납입기간이랑 보험기간을 정해야 하지. 그래야 보험료가 얼마인지 정확히 알 수 있으니까. 남편의 퇴직이 10년 정도 남았다면 납입기간을 10년으로 하고, 20년 정도 남았다면 20년 정도로 하면 돼. 퇴직까지의 시간을 상한선으로 최대한 길게 잡는 게 중요해. 대체로 납입 중간에 '최초 1회'한 보험금을 받는 경우가 생기면 보험료에서 그 담보에 관련된 보험료만큼 빠지거든.

친구 그럼 가입하고 나서 3년 됐을 때 암진단을 받으면 나머지 17년 납입기간 동안 암진단담보에 해당하는 보험료를 안 내도 된다는 거야? 예를 들어 보험료가 7만원이고, 이 중에서 암진단 담보에 관련된 보험료가 2만원이면 5만원만 내면 되겠네?

나 어, 그렇지. 똑똑한데? 근데 암은 가입 후 1~2년 내에 진단받으면 가입금액의 50%만 보장받을 수 있어. 만약 가입 후 90일 이내에 걸리면 보장도 받을 수 없으니까 유의해야 해. 참고로 많은 사람이 납입기간은 20년을 선호하는 편이야. 다음은 보장기간을 정해야 하는데 요즘 100세 시대라는 말이 흔해졌을 정도로 평균 수명이 길어졌으니 보장은 100세까지가 좋지 않을까 싶다.

친구 어, 그럼 나는 20년 납, 100세 만기로 해야겠다. 다음은?

나 네가 납입기간까지 낼 수 있는 보험료를 생각해봐. 사람마다 수입이 다르니까 10만원이 될 수도 있고, 5만원이 될 수도 있지.

친구 난 지금 맞벌이 중이니까 10만원 정도면 괜찮을 것 같은데?

나 보험료는 지금 수입으로 계산하는 것보다 20년간 감당할 수 있는 보험료로 하는 게 좋아. 너 아기 낳으면 쉴 거라고 했던 것 같은데, 아닌가?

친구 어, 맞아. 조만간 아기 낳으면 직장은 그만두려고. 적어도 3년은 내 손으로 키우고 싶어서. 그럼 부담되지 않게 7만원 정도로 해야겠다.

나 근데 생각해보면 보험료 참 큰돈이지 않냐? 만약 살면서 별일 없으면 다 날아갈 돈인데 말이지.

친구 글쎄, 7만원이 큰가? 난 작은 것 같은데.

나 아니지, 7만원을 20년간 낸다면 1,680만원. 1,680만원을 20년 할부로 사는 거잖아.

친구 그러고 보니 그러네. 그 큰돈이 들어가는데 아무렇게나 설계할 수는 없지. 안 되겠어. 초집중해야겠어!

나 그래, 이제 7만원에 맞춰서 가입금액을 조정하면 돼. 가입설계서를 보고 보험료가 큰 담보만 불러줄래?

친구 음, 암진단비, 뇌졸중진단비, 급성심근경색증진단비. 그리고… 음? 나머지는 보험료가 얼마 안 하네?

나 어, 암진단비, 뇌졸중진단비, 급성심근경색증진단비. 이 3가지는 묶어서 3대 진단비라고 해. 3대 진단비는 한국인의 3대 사망 원인과 관련이 있는 담보야.

근데 왜 유독 보험료가 클까? 보험료가 크다는 건 그만큼 보험 사고가 일어날 확률이 높다는 뜻이야. 반대로 보험료가 작다는 건 발생확률이 낮다는 거고.

친구 근데 진단비 몇 천까지 필요 없을 것 같은데. 보험금 되게 많이 주네?

나 진단비의 목적이 치료비 때문만이 아니야. 일단 가장이 암에 걸렸다고 생각해봐. 아파 죽을 것 같은데 그 상황에 일할 수 있을까? 그럼 치료비도 치료비지만 당장 먹고살 돈도 문제일 거야.

친구 그럼 진단비로 생활비를 충당해야겠구나. 아픈 것만 생각해도 끔찍한데 먹고살 돈도 걱정해야 한다면 으~ 상상도 하기 싫다.

나 그렇지? 그래서 3대 진단비가 중요하다는 거야. 다음은 질병입원일당담보야.

친구 응? 질병입원일당은 가입금액이 몇 만원 안되서 x표 했는데?

나 질병입원일당담보는 가입하는 것이 좋아. 질병입원일당 담보는 1~3만원의 보험금이 나오지만, 결코 적은 금액이 아니야. 만약 3만원으로 가입했다고 가정해보자. 질병입원일당은 동일한 질병으로 입원하더라도 한도는 정해져 있지만, 일정 기간을 제외하고 다시 보장을 받을 수 있어. 가령 180일까지는 보장받고 181일째부터 180일간은 보장에서 제외되었다가, 이후에 다시 180일간 보장이 재개되는 식이야. 물론 퇴원을 하더라도 보장 제외 기간이 경과한 후에는 동일한 질병이라도 입원하면 다시 보장을 받을 수도 있어.

만약 중증질환으로 10년간 병원에 입원하면 보장받을 수 있는 기간은 5년. 가입금액 3만원으로 계산하면 보험금이 2,700만원 정도 되는 거지. 참고로 보험회사에 따라 보장일수 등이 차이가 있을 수 있어.

친구 오, 그렇게 계산하니까 상당한데? 질병입원일당은 다른 질병으로 입원해도 보장받을 수 있잖아. 그러고 보니 질병입원일당담보의 보험료가 큰 이유가 있었군. 보험금을 받을 확률이 높아서였구나. 근데 3대 진단비 나오면 그걸로 입원하면 안 돼? 굳이 질병입원일당까지 넣어야 하나?

나　꼭 3대 질병으로만 입원하라는 법은 없지. 그리고 질병입원일당담보에 가입하면 입원해서 치료받는 동안 입원비 걱정 없이 치료에만 전념할 수 있잖아. 그리고 입원하는 기간이 길어질수록 가족들의 생계는 점점 더 힘들어지지 않을까? 실제 입원비보다도 질병입원일당담보 가입금액을 높게 설계하면 입원비뿐만 아니라 가족들의 생계비에도 보탬이 될 거야.

친구　그렇겠다. 그럼 상해입원일당담보도 챙겨 넣어야겠다.

나　개인적으로 상해입원일당담보는 비추천. 상해입원일당담보는 동일한 상해의 치료를 목적으로 계속 입원하면 최고 180일 한도만 보장받을 수 있어. 그럼 3만원의 가입금액으로 설계 시에 동일한 상해의 치료 목적으로 10년을 입원하더라도 받을 수 있는 보험금은 540만원 정도로 크지 않아.

친구　왜 상해입원일당담보는 계속 입원 시 보장이 재개 안 되는 거지?

나　글쎄, 질병은 고의로 걸릴 수 없지만 상해는 고의의 가능성이 있어서 그렇지 않을까? 내 추측일 뿐이야. 중요한 건 가입하는 사람이 자신에게 맞는 담보를 잘 선택하는 게 아닐까?

친구　그러네. 근데 3대 진단비랑 질병입원일당을 어떻게 7만원에 맞춰 넣지? 아오, 나 또 현기증 나려고 한다.

나　보험료에 맞춰서 4개의 담보 가입금액을 조정하면 돼. 예컨대 부담할 수 있는 보험료가 3만원이라면 암진단비, 뇌졸중진단비, 급성심근경색진단비에 1000만원씩 가입하고 질병입원일당담보는 1만원으로 설계할 수 있어.

아니면 나처럼 확률이 높은 암진단비에 3000만원, 뇌졸중 진단비와 급성심근경색 진단비에 1000만원씩 그리고 질병입원일당담보에 3만원으로 보험료 6만원에 맞춰서 설계할 수도 있지.

친구　우리 할아버지께서 뇌졸중으로 돌아가셨는데, 그럼 난 가족력을 고려해서 뇌졸

중 진단비에 3000만원, 암진단비와 급성심근경색진단비에 2000만원씩 해야겠다. 그리고 뇌졸중은 발병 후에 입원 기간이 길어질 수 있으니 입원비는 3만원으로 설계해야지.

나 가족력까지 고려하다니, 역시 내 친구 최고! 여기까지 했으면 3대 진단비와 입원일당담보를 제외한 나머지 담보들 있지? 가령 조혈모세포이식수술담보나 중증질환/부식진단담보 등 말이야. 이 담보들은 보험료는 얼마 안되도 가입금액이 많지? 가입금액이 적은 담보는 위험이라 할 수 없지만, 가입금액이 큰 담보는 사고 발생 시 가계에 큰 위험이 될 수 있어. 그럼 이런 담보는 보험료가 부담되는 수준도 아니니까 전부 가입해야겠지?

친구 보험료는 위험 확률, 가입금액은 위험 정도와 관련 있다고 이해하면 되겠구나. 근데 이게 끝이야? 생각보다 간단하네?

① 나무 가지치기(가입금액 낮은 담보에 x표)

② 줄 수 있는 물의 양(부담할 수 있는 보험료)에 맞춰서 3대 진단비와 질병입원일당담보 가입금액 조정하기

③ 나머지 가입금액 높은 담보 전부 가입하기

이게 정말 다야? 진짜 더 없어?

나 아, 가입 후 보험이 인생의 버팀목 역할을 해낼 수 있도록 안 죽이고(실효 안 되게) 잘 키우기!

참, 주의해야 할 게 하나 있어. 상품마다 보장내용이 다를 수 있으니 가입 전에 보장내용을 꼭 확인하고 가입하도록! 이상 끝!

저축보험과 변액보험

"고객님, 1000만원 납입하시면 공시이율 6%로 10년 뒤에 총 1800만원을 받게 됩니다. 만약 공시이율이 이 정도가 안되면 최저보증이율이 2%이므로 1200만원까지는 보장이 돼요."

이렇게 말한 사람은 그래도 양심이 있는 사람이다.

"고객님 1000만원 납입하시면 공시이율 6%로 10년 뒤에 총 1800만원을 받게 됩니다. 요즘 이율도 안 높은데 이 저축, 진짜 괜찮죠?"

이 사람은 양심이 없는 사람이다.

고객들은 공시이율이라는 말에 속아 넘어간다. 막상 만기가 되면 그때 들었던 1800만원과 실제 받은 만기환급금이 많이 달라서 따지러 간다. 하지만 돌아오는 답은 이거다.

"호객님(호구 고객님), 공시이율이 6%라고 했지, 언제 확정이율로 6%라고 했나요. 그래서 만기환급금이 다른 거예요."

무서운 건 이 '공시이율'이라는 말 안에 숨겨져 있다. 공시이율이란, 만기 시 적용되는 이율이 아니라 보험회사가 일정 기간마다 공시하는 이율을 말한다. 공시이율을 변동금리로 보면 이해가 쉽다.

반면 확정이율은 고정금리라고 보면 된다. 그래서 공시이율로 계산한 보험금은 확정된 이율을 적용하여 만기에 받을 수 있는 정확한 만기환급금이 아니라 보험사가 정기적으로 공시하는 이율로 계산한 불확실한 보험금일 뿐이다. 결국, 만기에 받을 돈은 만기가 되어야 알 수 있다. 그래도 최저보증이율(만기까지 적용되는 이율로, 보험회사에서 지급을 보증하는 최저한도의 적용이율)이 설정되어 있다면 그 정도까지의 금액은 받을 수 있다.

공시이율 → 변동금리
확정이율 → 고정금리

그런데 만기가 끝날 때까지 저금리가 이어진다면 어떨까? 최저보증
이율을 적용해서 계산해보자. 만약 사업비가 10%인 10년 만기 상품에
50,000원씩 납입했다고 가정하자. 그러면 50,000원에서 사업비 10%인
5000원을 제외하고 계산하면 45,000원만 투자금액으로 운용된다. 그리
고 최저보증이율이 2%라면 만기인 10년이 되었을 때 받을 수 있는 보험
금은 598만원이다. 즉, 보험에 가입하지 않고 장롱에 50,000원씩 쌓아두
었을 때 모을 수 있는 600만원보다도 적은 금액을 수령한다. 보험에 투자
해서는 안 되는 이유가 이 때문이다.

반대로 최저보증이율이 없는 변액보험 상품은 원금손실까지 볼 수 있
다. 변액보험은 보험가입자가 납입한 보험료에서 위험보험료와 사업비
를 제외한 보험료로 펀드를 구성해서 투자운용을 하고 그 투자실적에
따라 성과이익을 다시 보험가입자들에게 나눠주는 실적배당형 금융상
품이다. 보험계약 때 약정한 보험금을 지급하는 정액 보험과 상반되는
개념이다.

다시 말해, 변액보험도 일반 펀드처럼 보험료의 원금손실 위험이 있고,
투자수익으로 보험금을 더 받을 수도 있다. 그런데 앞서 말했듯이 보험료
는 사업비라는 부분이 있다. 만약 사업비가 10%라면 우리가 변액보험에
가입하는 순간, 이것을 제외한 납입한 보험료 90%로 펀드를 시작하는 셈

이다. 그러면 수익은커녕 우리가 낸 보험료 100% 즉, 원금이 회복되기까지 몇 년이 걸릴지 모른다.

그리고 "10년 납입하면 비과세 되는 보험 상품이에요"라는 말의 덫에 걸리면 안 된다. 10년 비과세 혜택 보려다 정작 중요한 수익률을 놓칠 수 있다. 그러니 세금을 아끼려고 보험으로 투자 상품을 골라서는 안 된다.

리스크 헤지, 즉 위험 방어를 위한 보험으로 왜 낮은 수익률의 투자를 하려고 하는가. 살면서 보험 팔아서 부자 된 사람은 봤어도 보험 사기가 아닌 이상 보험금 받아서 부자 된 사람은 못 봤다. 보험은 만일의 상황이 닥쳤을 때 발생할 수 있는 위험을 방어하기 위한 용도로 최소한의 비용만 지출하여 가입해야 한다.

종신보험과 정기보험

종신보험이란 건 쉽게 말해서 죽어야만 보험금이 나오는 보험이다. 종신보험은 죽으면 100% 확률로 보험금이 지급되기 때문에 보험료도 비쌀 수밖에 없다. 하지만 우리는 앞으로 대출금도 갚아야 하고, 애들 학교도 보내야 하고, 노후자금도 필요하다. 이처럼 사는 동안 큰돈이 들어갈 순간이 매우 많다.

그런데 종신보험 보험금의 경우 살면서 받을 수 있는 돈이 아니라 죽어야 받는 돈인데 굳이 비싼 보험료를 지출하면서까지 가입해야 할까. 더구나 살면서 위험이 닥치는 순간도 많을 텐데 종신보험을 계속 유지할 수 있을지조차 미지수다.

그렇다고 종신보험을 넣지 않을 수도 없다. 지금이야 남편이 돈을 버니까 아이들 학교도 보내고, 대출이자도 내지만 혹시나 남편이 잘못되면 집이 어떻게 될지 모르기 때문이다.

그런데 한 번 따져보자. 사고사가 아닌 이상 남편이 잘못되서 가계가 흔들리는 시기는 보통 65세 정도가 아닐까. 65세 정도가 되면 집은 은행의 소유가 아니라 내 소유가 되었을 가능성이 크고, 아이들도 다 커서 학교를 졸업했을 테니 더는 큰돈이 들어갈 일이 없다. 그러면 65세가 넘어서 남편이 잘못된다고 한들 집이 풍비박산이 나거나 아이들이 학교를 못 다니는 일은 없다는 뜻이다. 그러면 답은 나왔다.

우리는 종신보험에 가입할 게 아니라, 일정 기간 사망 시 사망보험금이 지급되는 정기보험에 가입해야 한다. 정기보험이란, 보험 기간을 정하고 그 사이에 죽으면 사망보험금이 나오고, 만약 보험 기간이 지난 이후에 죽으면 보장받는 기간이 끝났기 때문에 사망보험금은 나오지 않는 보험이다. 대신 정기보험 보험료는 종신보험 보험료의 절반도 채 안 된다. 그래서 같은 보험료로 가입금액을 높이는 방법도 쓸 수 있다.

정기보험에 가입할 때는 가정 내에서 경제활동을 하는 사람을 피보험자로 해야 한다. 둘 다 경제활동을 한다면 그중에서도 수입의 비중이 높은 사람을 피보험자로 정기보험에 가입하자. 그 사람이 죽으면 생활 자체가 어려워지기 때문이다. 두 명 중 한 명만 일해도 마찬가지다. 만약 아내가 일하고 있다면 아내를 피보험자로, 남편이 일하고 있다면 남편을 피보험자로 정기보험에 가입해야 한다.

　나의 경우 남편만 일하는 상황이기 때문에 내 앞으로 정기보험에 가입하지 않았다. 냉정히 말해서 내가 잘못되어도 남편이 계속 돈을 벌기 때문에 아이가 경제적인 위험에 노출될 일이 없기 때문이다.

종신보험 ＜ 정기보험

개인연금과 국민연금

　연금보험이란, 일정 연령 이후에 생존하는 경우 종신 혹은 일정 기간 연금을 지급하는 상품이다.

　한 번은 지인에게 전화가 왔다.

지인 대학 다닐 때 아는 애한테 어제 전화가 왔는데 사정사정하는 거야. 그래서 안 들어줄 수가 없더라. 나 한 달에 50만원씩 들어가는 연금보험에 가입했어. 근데 이 찜찜함은 뭘까? 나 잘한 거 맞냐?

나 나한테 전화한 건 잘했어. 앞으로 결혼 자금도 필요하고, 나중에 애들 키우면서 종잣돈 모으기도 벅찰 텐데 연금보험에 50만원씩 계속 넣을 수 있겠어? 보험증권을 받은 날부터 15일 이내에 청약 철회하면 처음 냈던 보험료 그대로 돌려받을 수 있을 거야. 단, 청약한 날부터 30일이 초과되면 철회 안 되니까 보험은 당장 철회해.

　나날이 복잡해져가는 금융상품을 볼 때면 '무엇을 숨기려고 이렇게 복잡하게 만들었을까?'라는 고민에 빠진다. 금융상품 중에서도 보험은 쉽지 않은 상품이다. 하지만 고민을 해결하는 방법은 간단하다. 역지사지해 보는 거다.

보험회사 입장에서 생각해보자. "당신이 죽는다면~"이란 말만 꺼내도 사람들은 "됐습니다" 하고 거절하는 종신보험보다 "당신이 오래 산다면~"이란 긍정적인 말로 시작하는 연금보험이 훨씬 팔기 좋을 것이다. 팔기만 한다면 계약자가 내는 보험료 일부를 보험설계사의 판매 수당으로 주면 되고, 또 일부는 보험회사의 몫이 된다. 향후 사업비와 위험보험료 등을 제외한 나머지 보험료로 운용하면 높은 수익률을 기대하기는 어렵지만 그래도 괜찮다. 수익률이 낮다면 설계서에 개미 눈곱만 하게 '상기 예시금액은 변동될 수 있습니다'라고 적어놨으니 책임을 피할 수 있다.

계약자들은 앞으로 살면서 대출금, 아이들 교육비 등 돈 들어갈 일이 많으니 보험을 중도 해지할 확률이 높다. 그러면 더 땡큐다. 책임준비금에서 해약 공제금을 제하고 얼마 안되는 해약 환급금을 돌려주면 그만이니까. 원금 보장형도 연금 개시 시점에 원금을 보장해주니 중도 해지 시에는 원금 보장이 안 된다.

만약 연금 개시 시점에 원금을 보장해 준다면 손해를 볼까? 앞서 말했듯 액수는 같을지 몰라도 물가상승률로 인해 화폐의 가치는 시간이 지날수록 떨어진다. 그래서 화폐의 가치로 보면 원금을 보장해주는 것이 보험회사의 손해라고 보기는 어렵다.

게다가 저축 보험은 한 번에 큰돈을 내줘야 하지만, 연금 보험은 나눠서 지급하면 된다. 만일 종신형으로 연금을 지급받는 고객이 보증지급 기간이 지나서 사망한다면 잔여금 없이 계약이 종료된다. 어떤가. 보험회사 입장에서는 상당히 매력 있는 상품 아닌가. 우리로서는 보험회사 배를 불려 주는 상품일 테고 말이다.

국민연금에 가입하자

국민연금과 개인연금은 매월 일정액을 납부하여 노후에 연금을 받는다는 점에서 비슷해 보인다. 하지만 개인연금에 가입할지 말지는 개인의 선택이지만 국민연금은 그렇지 않다.

국민연금은 18세 이상 60세 미만 국민이면 특별한 경우를 제외하고 자신의 의사와 상관없이 의무적으로 가입해야 하고, 최소 가입기간 10년을 채웠을 때 해당 연령부터 노령연금을 받을 수 있다. 연금을 받는 연령은 만 60세이나 고령화 추세를 반영하여 69년생 이후 출생자는 만 65세부터 노령연금을 받는다.

하지만 전업주부는 국민연금 또는 다른 공적연금 가입자 혹은 수급자의 소득 없는 배우자로서 국민연금 의무가입 대상이 아니다. 그래서 개인연금처럼 본인이 원할 때 국민연금에 가입할 수 있다.

만약 전업주부가 연금보험에 가입하려고 한다면 개인연금보험에 앞서 국민연금부터 가입하는 것이 순서다. 국민연금의 경우 영리 목적이 아닌

사회보험이기 때문에 민간보험과는 달리 수수료가 전혀 발생하지 않는다. 내가 불입한 금액 전부가 내 미래를 위해서 운용된다는 뜻이다.

그리고 국민연금의 경우 국가에서 최종적으로 지급하기 때문에 보험금을 받지 못할 가능성이 없다. 국민연금공단에 따르면 설령 적립된 기금이 모두 소진된다 하더라도 연금을 지급한다고 한다. 또한 국민연금의 경우 민간연금보험과는 달리 노령 연금 이외에도 장애, 유족연금이 포함된다. 유족연금이란 국민연금 가입자였던 사람이 죽는다고 하더라도 가입자의 유족들에게 지급되는 연금이다.

국민연금의 또 다른 장점은 물가상승률을 반영하기 때문에 물가가 오르면 연금도 따라 오른다는 것이다. 그래서 국민연금은 물가가 오르더라도 실질 가치가 보전된다. 예를 들어 1988년도에 100만원의 소득으로 국민연금에 가입되었다면 이를 2016년 현재 가치로 재평가하면 약 500만원 이상의 소득액으로 인정하여 국민연금이 계산된다.

또 다른 연금의 장점은 150만원 이하의 연금 수령액은 압류할 수 없도록 국민연금법에 명시되어 있으므로 살면서 압류 요청이 있더라도 연금 수령액은 받을 수 있다. 만약 압류가 걱정된다면 국민연금만 입금이 가능하고 압류는 불가능한 전용통장(안심계좌)을 금융기관에서 개설 후, 신분증과 통장을 지참하여 국민연금 지사로 방문해 신청하면 된다. 이처럼 국민연금은 매년 물가상승률만큼 인상하여 연금을 지급하고 국가가 운영하기 때문에 다른 어떤 보험보다 안전하고 수익률도 높다.

그러나 주의할 점이 있다. 만약 전업주부가 노후준비를 위해서 임의가입자로 국민연금에 가입 후 매달 10만원씩을 납입했다고 치자. 이렇게 부부가 가입한 경우 각자의 노령연금은 당연히 각각 받을 수 있다. 그런데 남편이 노령연금을 받다가 갑자기 사망하게 되면 배우자는 남편의 유족연금과 자신의 노령연금, 두 개의 연금을 모두 받을 수는 없다. 전업주부의 노령연금 선택 시에는 유족연금 20%를 추가로 지급하고 만약 그보다 남편의 유족연금이 더 많아서 유족연금을 선택 시에는 남편의 유족연금만 지급된다.

국민연금공단 관계자는 '국민연금은 가입자 본인과 유족의 소득감소에 따른 생계를 보호하기 위한 사회보험으로써 연금의 종류가 달라도 소득보장이라는 같은 목적이 있으므로 아내의 노령연금과 남편의 유족연금 100%, 둘 다 받을 수는 없다'고 한다. 하지만 남편과 아내 둘 다 오래 산다면 국민연금으로 훨씬 안정된 노후생활을 할 수 있다고 말했다. 물론 이런 점은 맞벌이여도 마찬가지다.

언젠가부터 매스컴의 영향으로 '노후자금=연금'이라고 생각하는 이들이 많아졌다. 하지만 연금도 오래 살 때를 대비한 보험의 한 종류일 뿐이다. 얼마가 될지도 모르는 연금 수령액을 위해서 연금보험에 많은 돈을 납입하는 것이 과연 확실한 노후 대책이라고 할 수 있을까.

사실 노후자금은 돈이 있으면 된다. 그리고 그 돈이 꼭 연금일 필요는 없다. 국민연금, 퇴직연금, 주택연금, 개인연금과 같은 연금소득도 있지만, 이자·배당과 같은 금융소득, 사업 소득도 있고 아니면 임대소득도 있다.

자영업을 한 지인이 20년 전에 연금보험에 5000만원을 일시납으로 가입했다. 당시 5000만원이면 지방에서 20평대 아파트 한 채를 살 수 있었다. 만약 5000만원을 연금에 넣는 대신 아파트를 사서 세를 줬다면 연금 개시시점보다도 훨씬 일찍 매월 연금 대신 월세를 받을 수 있었을 것이고 아파트의 시세 역시 올랐을지도 모른다.

자동차보험과 운전자보험

자동차보험은 대인, 대물에 관해 의무적으로 가입하는 보험으로 자동차 사고로 인한 민사적 책임을 보상한다. 차량 명의를 보험 가입 경력이 있는 부모님으로 등록하고, 보험은 가족한정특약으로 넣으면 보험료가 저렴하다.

그리고 운전자 가입경력 인정제도를 이용한다. 운전자 가입경력 인정제도란 자동차 보험, 주계약자 이외에 1인에게 동일한 보험가입기간을 인정해주는 제도다. 1인을 남편 혹은 아내로 하면 나중에 남편 혹은 아내 명의로 가입할 때 보험가입기간만큼 인정받아 자동차 보험료가 저렴해진다. 2016년 10월 1일 신규 판매되는 계약부터는 가입경력 인정 대상자가 기존의 1명에서 2명으로 확대된다.

참고로 군 복무 중 운전병으로 복무를 한 사람은 운전경력이 기재된 병적증명서를 발급받아 보험사에 제출하면 보험료를 할인받을 수 있다. 그리고 마일리지 특약이 있다. 자동차 운행을 적게 하면 보험료 할인을 받을 수 있다. 만기 시 약정한 운행거리를 초과하지 않으면 할인액을 돌려받는데 설사 초과하더라도 손해를 보는 건 없으니 보험 계약 시 꼭 챙기자.

반면 운전자보험은 가입할 수도 있고 안 할 수도 있는 보험 상품으로 자동차사고로 인한 형사적 책임(형사 합의금 등), 행정적 책임(취소 위로금 등) 및 기타비용손해(견인 비용 등)를 보상한다.

운전자보험에 가입하려는 사람에게 묻고 싶다. 자동차 사고로 형사 처분을 받는 경우가 얼마나 될까? 평생 살면서 소송까지 갈 확률은 또 얼마나 될까? 운전자보험은 보통 만원대면 가입할 수 있다. 이렇게 보험료가 저렴한 이유가 뭘까? 바로 사고 확률이 낮기 때문이다.

그러나 평소 난폭하게 운전하는 습관을 지닌 운전자라면 운전자보험에 가입해 두는 것이 안전하다. 단, 운전자보험은 '뺑소니 사고, 무면허 및 음주운전 교통사고'는 보상하지 않는다.

어린이(태아)보험

임신하면 아이에게 혹여 문제가 있지는 않을까 걱정이 된다. 그래서 임신하는 동안 아이가 건강하게만 태어났으면 좋겠다고 바란다. 그리고 이런 걱정과 불안한 마음 때문에 태아보험에 가입한다. 하지만 지나치게 많이 가입하지는 않았으면 좋겠다. 아이에게 만큼은 좋은 걸 다 주고 싶은 부모의 마음, 잘 안다. 그래서 아이 보험에 최대한으로 가입금액을 높여서 설계하고 싶은 마음도 이해한다.

하지만 그렇게 가입금액을 높이면 보험료 또한 올라가서 유지하기가 힘들어진다. 아무리 좋은 나무라도 물을 주지 않으면 죽고 만다는 사실을 잊어서는 안 된다(보험은 2회만 보험료를 미납하면 실효되는 상품이다). 그러니 가입금액에 너무 욕심내지 말고 유지할 수 있을 정도로만 설계하기를 추천한다.

어린이(태아)보험에도 어른들의 보험처럼 3대 진단비, 질병입원일당과 같은 담보가 있다. 반면 다른 보험에 없는 선천이상 수술 비용, 저체중아 인큐베이터 비용, 신생아 입원 비용까지도 보장하는 태아 담보도 있다. 참고로 태아 담보는 임신 22주 이내에 가입해야 한다. 이후에는 선천적인 질병을 알 수 있으니 보험사에 가입이 안 된다. 이런 담보의 차이 때문에 보험 기간이 1년 만기인 것도 있고, 20년 만기, 30년 만기, 80세 만기, 100세 만기 이렇게 따로 적용되니 가입할 때 납입 기간과 보험 기간을 꼼꼼히 잘 살펴봐야 한다.

태아보험에서 보험 기간이 1년 만기인 담보는 1년이 지나면 그 금액만큼 보험료에서 제외되는데, 태아보험에 가입하는 가장 큰 이유인 만큼 1년 만기짜리 담보는 잘 챙겨서 넣을 필요가 있다. 그리고 20년 만기와 30년 만기 담보도 신경 써서 봐야 한다. 그외의 80세 혹은 100세 만기인 담보설계는 앞서 말한 성인 보험설계와 동일하게 하면 된다.

단, 예외가 있다. 틈만 나면 소파와 혼연일체가 되고 싶은 어른과 달리 아이는 잠시도 가만히 있지 않다. 즉, 아이의 경우 활동량이 많아 상해 발생 확률이 높으므로 상해입원일당담보에 가입하는 것도 나쁘지 않다.

실손 의료 보험, 진짜 필수일까?

단독 실손 의료 보험이란 보험가입자가 질병이나 상해로 입원 또는 통원 치료 시 실제 부담한 의료비 중 자기부담금을 공제한 후 보험회사가 보상하는 상품이다.

친구로부터 전화 한 통을 받았다.

친구 실비보험 가입하려고 하는데 어느 보험사가 좋아? 난 한 7만원 생각하고 있어.
나 실비는 보험사 상관없이 혜택이 거의 같아. 근데 7만원? 우리 나이면 만원대면 될 텐데?
친구 실비가 보험사 상품마다 다 다르고 혜택도 다르다고 하던데?

친구의 말을 듣고 보니 보험사에서 실손의료보험(이하 실비) 하나만 단독으로 파는 경우는 별로 없는 것 같다. 그래서 친구가 실비상품이 다르다고 오해할 법도 하다. 요즘 실비에 가입하려고 상담을 받으면 $H_2+O=H_2O$ 이런 화학 공식같이 '종신보험+실비+암보험' 이렇게 하나로 묶어서 파는 곳도 있고, '실비+질병보험' 이렇게 특약을 끼워 파는 경우도 있다.

하지만 '단독 실손의료보험에 가입'할 거라고 얘기하면 실망한 목소리로 실비 보험료를 알려줄 것이다. 물론 어떤 보험사의 경우에는 실비 자체만 파는 경우가 없다고 말할 수도 있다. 그러면 다른 보험사에 가입하면 된다.

어느 보험사의 실비 상품을 선택하든 보장에는 차이가 없다. 즉, 보험사마다 보험료만 다를 뿐 수령하는 실비의 경우 상품구조가 표준화되어 있어 보험금은 동일하다. 특약 형태가 아니라 실비 단독 상품이라면 보험사에 상관없이 보험료가 저렴한 상품에 가입하자.

참고로 실손의료보험은 보험사 한 곳에만 가입하면 된다. 만일 두 군데에 가입 후 보험료를 2배로 낸다 해도 중복 보장이 안 되기 때문에 보험회사들이 보험금을 반반 나눠서 지급한다.

실비는 자기 부담 설계방식에 따라 '표준형, 선택형Ⅱ'이 있는데, 가입자가 선택할 수 있다.

표준형

입원 의료비는 5000만원 한도로 병원에서 실제로 지출한 의료비(이하 보상대상 의료비)의 80%까지 보상한다. 그리고 통원의료비는 외래와 처방조제비를 합해 30만원 한도로 보상한다. 통원의료비(외래)는 보상대상 의료비에서 병원규모별 금액(의원은 1만원, 병원은 1만 5000원, 종합전문병원은 2만원)과 보상대상 의료비의 20% 중 큰 금액을 차감 후 보상한다. 통원의료비(처방조제비)는 8000원과 보상대상 의료비의 20% 중 큰 금액을 차감 후 보상한다.

선택형 II

입원 의료비는 보상대상 의료비 중 급여 본인부담금의 90% 해당액과 비급여의 80% 해당액의 합계액을 보상한다. 통원의료비(외래)는 보상대상 의료비에서 병원규모별 금액(1~2만원)과 공제기준금액(보상대상 의료비의 급여 10%+비급여 20%) 중 큰 금액을 차감 후 보상한다. 통원의료비(처방조제비)는 8000원과 공제기준금액(보상대상 의료비의 급여 10%+비급여 20%) 중 큰 금액을 차감 후 보상한다.

이 내용은 최근에 변경된 보장 내용이니, 기존 가입자들의 보장 내용과는 차이가 있다. 실비는 국민건강보험에서는 제외되는 비급여항목인 MRI, CT 촬영, 내시경검사와 같은 특수검사도 보장한다. 그렇다고 다 보장받을 수 있는 건 아니다. 출산 등 몇 가지는 받을 수 없다.

보험사들이 앞다투어 실비를 출시한게 10년이 채 안됐다. 그런데 보험설계사들이 단체로 같은 교육을 들었나 보다. 10년도 채 안된 실비 상품에 가입을 안 했다고 하면 "실비가 없으세요? 실비는 필수인데?"라는 말을 똑같이 한다. 실비가 매력 있는 보험이라는 건 부정하지 않겠다. 작년에만 하더라도 보험사가 실비로 인해 입은 손해가 138%라고 하니 반대로 가입자는 138%의 이익을 봤다고 보면 된다. 하지만 실비가 긍정적인 측면만 있는 게 아니다.

30대 여성이 산부인과에서 진료를 받았다. 평소에는 비싸지만 불안하기도 하고, 국민건강보험이 적용되서 검사비가 저렴하다고 하기에 검사를 받기로 했다. 병원 코디네이터와 상담이 끝난 후 진료실에 들어갔다.

의사가 진찰하던 중 "실비 있죠?"라고 물었다. 그래서 그렇다고 대답했다. 진료실에서 나와서 병원비를 계산하려는데 조금 전 병원 코디네이터에게 들었던 금액보다 4만원이 더 나왔다. 계산이 잘못되었다고 따졌더니 "의사 선생님이 다른 검사도 추가한다는 말씀 안 하시던가요? 어차피 실비 가입되어 있으시면 나중에 보험사에서 다 돌려받으니까 상관없어요. 보험사에서 전화 오면 저희가 알아서 잘 얘기할게요"라고 말하는 게 아닌가. 일주일 후 진료도 받기 전에 병원 코디네이터에게 권유받았던 검사와 의사가 추가로 한 검사결과는 '이상 없음'으로 나왔다.

이런 도덕적 해이는 병원만의 문제가 아니다. 밤이 되면 병원의 입원실에 누워있던 환자들이 생생하게 돌아다니는 기적을 볼 수 있다. 일명 나이롱 환자다.

문제는 실비가 비갱신형이 아니고 지속해서 보험료가 상승하는 갱신

형 상품이라는 것이다. 실비는 물가상승률에 맞춰야 하므로 비갱신형이
될 수가 없다.

손해율이 높아서 보험료의 인상이 불가피한 가운데 인상률이 급격히
올라갈 것을 우려해서 보험료 상승률을 2016년에는 30%, 2017년에는
35%로 제한하고, 2018년부터는 완전히 자율화하기로 결정됐다. 이 말인
즉, 도덕적 해이가 계속해서 늘어난다면 보험사의 손해율이 고스란히 보
험 가입자들에게 돌아온다는 뜻이다.

그런데 한 번 생각해보자. 큰 병이 아니고서야 65세 이전까지 많은 병
원비를 부담해야 경우가 얼마나 될까. 병동에 가면 알겠지만, 질병에 걸
린 환자 대부분이 면역력이 약한 노인들이다. 이렇듯 실비가 빛을 발하는
순간은 65세부터다. 65세 이상이 되면 질병에 걸릴 확률도 높고, 병원에
갈 일이 많아진다.

그런데 정작 실비가 필요한 65세가 될 때까지 실비 보험료가 얼마나 인
상될지 모른다. 납입 기간과 보험기간이 동일한 전기납 상품인 실비 보험
의 특성상 우리가 몇 세까지 보험료를 부담할 수 있을지도 미지수다. 쉽
게 말해서 건강하고 젊을 때는 돈 벌어서 보험료만 꼬박꼬박 내고, 정작
병원 갈 일이 잦은 노인이 되어서는 보험료를 부담하기가 어려워서 보험
이 실효될 가능성이 크다는 뜻이다. 한마디로 말해서 '죽 쒀서 남 준다'라
고 할 수 있지 않을까.

보험금 받을 확률보다 퇴직 확률이 더 높다

보험사는 사람들의 걱정으로 수익을 올린다. 혹시나 걸릴지도 모르는 질병이나 상해를 입을 가능성에 대해 언급하며 가입을 유도하는 고도의 심리전을 펼친다. 걱정이 많은 사람일수록 보험가입금액이 많은 것을 보면 알 수 있다.

하지만 우리나라에는 민간 의료보험이 아니라도 국민건강보험제도가 잘되어 있다. 외국에 여행을 간 친구의 경우 외국의 의료비가 너무 비싸서 통증을 참았다가 한국에 돌아와서 치료를 받은 일도 있다. 이처럼 우리나라는 건강보험 덕분에 저렴한 비용으로 의료 혜택을 받을 수 있다.

그리고 보장 범위도 넓다. 국민건강보험 보장에 대해서 찾아보면 알겠지만 무엇을 보장해 주는가에 대해서 찾는 것보다 무엇을 보장해주지 않는가에 대해서 찾는 게 훨씬 빠르다. 건강보험이 적용되지 않는 비급여대상은 보통 업무 또는 일상생활에 지장이 없는 경우와 신체의 필수 기능개선 목적이 아닌 경우 그리고 예방진료로서 질병, 진료 부상의 치료 목적으로 하지 않은 경우 등이다. 한마디로 웬만한 질병은 국민건강보험 덕분에 필요 이상으로 보험에 가입하지 않아도 치료를 받는데 부담이 적다는 뜻이다. 또한 건강보험이 적용되는 치료비 중 환자의 본인부담금이 연간 일정 금액을 초과하면 그 초과 금액은 국민건강보험공단이 전액 부담해주는 '본인부담 상한제' 제도도 있다.

우리가 살면서 중증질환에 걸릴 확률보다 갑작스럽게 퇴직 후 보험을 해지할 확률이 더 높다. 수입이 있을 때는 보험료가 크게 부담이 되지 않더라도 수입이 없는 상태에서는 보험료가 상당히 부담된다. 그러면 결국 보험을 유지하지 못하고 해약하는 경우가 생긴다. 보험을 해약하면 보험 가입 자체가 무의미해진다.

하지만 보험에 가입한 후 만기까지 잘 유지한다면 보험은 자식보다도 든든한 버팀목 역할을 똑똑히 해낼 것이다. 그리고 설사 사는 동안 보험금을 받는 경우가 없더라도 보험이 주는 심리적 안정감을 생각하면 적당한 보험료는 결코 아깝다고 생각할 비용이 아니다.

보험은 갑작스럽게 퇴직을 하게 되더라도 유지할 수 있을 정도로 부담되지 않도록 가입하자!

2. 유동지출 절약법

유동지출은 생활비로 쓰는 돈으로 경조사비, 식비, 주거비, 피복비, 육아비, 의료비, 문화비, 교통비, 특별비, 용돈 등이 있다.

많은 사람이 아낀다고 아끼는데 왜 돈이 안 모이는지 모르겠다고 한다. 하지만 제삼자가 보면 왜 돈이 안 모이는지 한눈에 보인다. 지금부터 남들은 다 아는데 본인만 모르는 이유를 조목조목 알려주고자 한다.

01. 경조사비 통장

우리 집은 급여 통장(생활비 통장), 세금 통장(고정지출 통장), 용돈 통장, 예·적금 통장, 경조사비 통장을 사용하고 있다.

경조사비는 축의금, 부의금, 부모님 용돈 및 선물, 지인들의 선물 구매비, 각종 회비 등이다. 우리 집의 경우 유동지출 중 가장 큰 비중을 차지하는 항목이 바로 경조사비다. 경조사비는 아끼지 않는다. 인간관계에 있어서 만큼은 계산하면 계산할수록 잃는 게 더 많다.

이런 경조사비는 언제 갑자기 지출하게 될지 모른다. 그래서 경조사비 통장을 따로 만들었다. 또한 경조사비 통장은 경조사비의 목적이 아니더라도 평소 지출패턴과는 달리 갑자기 지출해야 하는 항목이 있을 때 경조사비 통장에서 쓸 수도 있으니 경조사비 통장은 예비 목적으로도 꼭 필요하다.

앞선 이유가 아니더라도 또 다른 이유가 있다. 이전에 경조사비로 받은 금액은 반드시 돌려줘야 하는 빚이다. 금액이 많다 보니 주거래 계좌를 만든 은행에서 입출금 통장 하나를 더 개설해서 보너스와 같이 목돈이 들어올 때 일부 금액을 이 통장에 이체시켜 놓았다.

물론 예·적금의 이자를 주면서 입출금 통장과 같은 역할을 하는 CMA 통장을 이용할 수도 있었지만, 경조사비는 자주 인출하는 만큼 CMA통장으로 받을 이자보다 어쩌다 한 번씩 빠질 수수료가 더 클 것 같았다. 경조사비의 특성상 은행 계좌 간 이체가 빈번하고, 기존 주 계좌 통장은 가까운 은행 어디에서 출금을 하든 수수료가 붙지 않는 이점이 있어 CMA통장이 아닌 일반 입출금 통장을 사용했다.

경조사비에 넣어둘 돈은 월급에서 적금을 제외한 세 달치 생활비 정도가 적당하다. 월급 기준으로 잡지 않는 이유는 만약 한 달 월급이 300만원이라면 900만원이란 큰돈을 입출금 통장에 넣어야 하므로 비효율적이다. 그래서 한 달 생활비가 100만원이라면 300만원 정도만 경조사비 통장에 넣어두면 된다.

02. 식비

식비의 내용은 주식, 부식, 외식, 과일, 음료, 술 및 기타 기호식품이다.

외식비 줄이기

나는 언제인지 기억도 안 날 때부터 엄마가 요리할 때 옆에서 보게끔 시키셨다. 그래서 간단한 요리는 혼자서도 잘했다. 그런데 간장 찜닭은 대학 시설 친구들과 가게에서 처음 먹어 봤다. 엄마의 빨간 닭볶음탕만 먹어본 나에게 간장 찜닭은 환희 그 자체였다. 이후로 찜닭은 내 삶의 낙이 되었다. 튀긴 닭도 맛있고 구운 닭도 맛있고 삼계탕도 맛있지만, 자취생인 내가 제일 좋아하는 건 밥과 함께 먹을 수 있는 간장 찜닭이었다.

이틀에 한 번씩 찜닭을 시켜 먹었는데 1년 정도가 지나니까 만원이었던 찜닭이 5000원 더 오르면서 눈물을 머금고 닭을 끊으려 했으나~ 끊을 수가 없었다. 대신 방법을 바꾸었다. 내가 직접 요리해서 먹기로 한 것이다.

찜닭 만들기는 생각보다 어렵지 않았다. 감자, 양파, 당근을 깎아서 넣고 마늘 다져 넣고 간장, 물엿을 넣은 다음 약간의 물을 넣어서 끓이면 가게에서 시켜 먹던 찜닭과 얼추 비슷한 맛이 났다. 찜닭을 얼마나 먹었던지 간장과 물엿이 얼마만큼 들어가야 환상의 맛을 내는지 쉽게 감이 왔다.

내 요리 실력은 찜닭 요리를 하기 전과 후로 나뉜다. 찜닭 요리 이후로 요리책 몇 권을 사서 직접 요리를 해먹은 결과 거의 모든 한식을 할 줄 안다. 그렇게 직접 요리를 하면서 알게 된 사실이 전화해서 시켜놓고 기다리는 시간보다 내가 직접 만들어 먹는 게 시간 면에서도 더 빠르다는 것이었다. 경제적인 면에서는 압도적으로 이점이 크다. 당시 닭값이 3000원 정도였고 부재료야 한 번 사놓으면 다른 요리도 해먹을 수 있으니 시켜 먹는 것보다 훨씬 경제적이었다.

대학교 때 방학을 제외하고 학기 중에 먹은 찜닭 값만 계산해 봤을 때 100만원이 넘었다. 10년이 지난 지금 3인 가족 한 달 식비가 20만원이 조금 넘으니 100만원은 어마어마한 돈이 아닐 수가 없다. 만약 찜닭을 직접 요리해서 먹었더라면 100만원이 아니라 30만원이면 먹을 수 있었을 것이다.

한 번 자기가 시켜 먹는 야식 값을 계산해보자. 아마 적지 않은 금액일 것이다. 주식뿐만 아니라 기호 음식도 마찬가지다. 커피 가격만 하더라도 카페의 평균 커피값은 4000원 정도다. 일주일에 두 번만 간다고 가정해도 1년이면 38만 4000원이다. 만약 커피숍이 아니라 엄마들이 자주 가는 키즈 카페 입장료를 만원으로 계산해도, 1주일에 한 번 가면 1년이면 48만원이다. 군이 밖에서 비싸게 먹지 말고 다른 방법을 찾아보자.

나의 경우 직장에 다닐 때 외근을 한지라 점심을 밖에서 거의 사 먹어야 했는데 워낙 식성도 좋고 먹는 양이 많아서 밖에서 사 먹으면 기본 2인분을 시켜야 했다. 그래서 식비가 남들 2배로 들었다. 그런데 밖에서 먹는다고 좋은 게 아니었다. 밖에서 먹으면 설탕, 소금 등 조미료가 많이 들어가서 그런지 계속 목이 마르고 이상하게 배도 빨리 고팠다.

그래서 밖에서 밥을 사 먹지 않고 아침에 집에서 싼 도시락으로 점심을 해결했다. 이렇게 도시락을 싸서 다닌 후부터 식비도 아끼고 건강까지 챙기니 일거양득이었다. 현재 삼시 세 끼 다른 음식을 요리해서 먹고 외식은 1년에 손에 꼽을 정도로 특별한 날에만 하니 월 평균 20만원의 식비 중 외식비는 2만원이 채 안 된다.

식비를 아끼고 싶다면 가능한 한 직접 내 손으로 만들어 먹자!

요리의 기본 준비물

기본적으로 쌀, 된장, 간장, 고추장, 소금, 설탕, 식초, 각종 조미료, 참기름, 들기름, 식용유, 조선간장, 물엿, 고춧가루, 다시마, 멸치, 깨 정도만 장만하면 된다. 그리고 필수 재료 마늘, 감자, 양파, 당근, 파, 달걀까지! 여기에 있으면 더 좋은 재료가 콩나물, 무, 두부, 호박 정도다.

눈치챘는지 모르겠지만, 재료 대부분이 된장찌개 만들 때 사용되는 것이다. 된장찌개를 기본으로 잡고 그 안에 들어가는 재료로 웬만한 음식은 충분히 만들 수 있다.

다시물(다시마, 멸치를 넣고 끓여 우린 물)

다시물+감자, 양파=감잣국

다시물+호박, 양파=호박국

다시물+무, 파=무국

다시물+된장+쑥=쑥국

다시물+된장+배추=배춧국

다시물+된장+시래기=시래기국

다시물+된장+근대=근대국

다시물+된장+아욱=아욱국

다시물+고추장+두부=두부찌개

콩나물+고춧가루, 마늘, 소금=콩나물 무침

콩나물+무, 밥=콩나물 무밥

콩나물+마늘, 파, 고춧가루=콩나물국

감자+양파=감자볶음

두부+간장=두부조림

호박+달걀물=호박전(호박은 삶아서 무쳐도 된다.)

남은 채소+햄, 밥=햄 채소 볶음밥

나열한 기본 재료만 안 떨어지면 먹고 사는데 문제없다. 이외 먹고 싶은 음식이 있으면 몇 가지 재료만 더 사면 된다. 간장에 물엿을 넣고 감자, 양파, 당근, 다진 마늘 넣고 닭 넣으면 찜닭, 거기에 고추장과 고춧가루를 풀면 닭볶음탕이 된다. 닭만 넣고 삶으면 백숙, 고추장 물에 무와 생선을 넣어서 끓이면 생선찌개, 장 볼 때 카레를 사서 볶음밥 재료에다 물을 넣고 카레를 풀면 카레밥, 카레 대신 짜장을 사서 넣으면 짜장밥이 되고, 칼국수를 끓여서 위에 짜장 소스를 얹으면 짜장면이 된다.

요리 별것 없다. 들어가야 할 재료만 다 들어가고 양념 비율만 맞으면 괜찮은 요리가 된다. 더 세부적으로 얘기하자면 양념으로 '파, 마늘, 고춧가루'만 들어가도 웬만한 한식은 다 만들 수 있다.

요리에 자신이 없다면 요즘 나오는 요리책 한 권만 장만하자. 이전과는 달리 숟가락으로 계량하니까 누구나 책을 보고 쉽게 따라 할 수 있다.

장 보는 금액 줄이는 법

장 보는 비법이 있다. 해먹을 음식을 기준이 아니라 '냉장고에 있는 재료로 만들 수 있는 요리'를 기준으로 장을 보는 것이다. 만약 냉장고에 있는 재료로 요리하려는데 재료 한두 개가 없다면 그 재료만 장을 보면 된다.

평소 안 먹는 음식 재료를 사서 냉장고에 묵히다가 버리지 말고 평소 자주 먹는 음식 재료로 새로운 음식을 만들어서 먹어야 한다. 특히 제철 채소, 제철 생선 등 계절에 나는 음식은 영양소도 풍부하고 가격까지 저렴하니 제철음식으로 장을 보도록 하자. 예를 들어 겨울에는 귤 10kg에 만원도 안 하는데, 여름이나 가을에는 귤을 10개 묶어 놓고 4000~5000원에 파는 것만 봐도 알 수 있다.

인터넷 쇼핑

과자나 참치통조림, 꽁치통조림과 같은 제품과 멸균우유 등 유통기한이 긴 제품을 사는 것이 좋다. 가끔 인터넷에서 과일이 저렴해서 시켜 먹어보기는 했으나 복불복이었다. 음식 재료의 경우 유통기한이 짧으므로 인터넷으로 상한 과일을 사서 못 먹고 버리는 것보다 돈을 더 주더라도 직접 보고 사는 게 낫다.

대형마트

직접 눈으로 보고 사기 때문에 음식재료의 품질이 믿음이 간다. 그리고 주차장이 넓고 편리해서 아이를 데리고 쇼핑하러 다니기에도 편하다. 또한 생선과 같은 수산물 상태가 신선하고, 신선도 대비 가격이 비싸지 않다. 오히려 저렴한 편이다.

그런데 고기는 대형마트보다 고기 도매점에서 사는 게 가격도 더 저렴하고 신선도 면에서도 더 좋을 때가 있다. 그리고 대형마트라고 해서 집 근처 작은 슈퍼마켓보다 무조건 저렴한 것은 아니다. 오히려 슈퍼마켓이 대형할인점보다 저렴한 품목들도 많다.

슈퍼마켓

슈퍼마켓이 처음 생기면 신장개업 특가 할인판매를 한다. 그래서 개업한 슈퍼마켓의 전단이 문에 붙어 있으면 집으로 들고 들어와 볼펜을 들고 눈이 빠져라 쳐다보며 시세보다 저렴한 상품에 동그라미를 그린 후 장을 보러 간다.

집 근처에 여러 개의 슈퍼마켓이 있다면 가까운 한 군데의 슈퍼마켓만 고수하지 말고 근처 슈퍼마켓을 한 번씩 둘러보자. 어떤 슈퍼마켓은 농수산물 직접 거래를 통해 채소 가격이 저렴한 곳도 있고, 어떤 슈퍼마켓은 아이스크림 가격이 다른 곳보다 저렴한 곳이 있다.

나 같은 경우 다른 건 암기력이 좋지 않은데 장바구니 물가는 머릿속에

빼곡히 외우고 있다. 돈이 관련되어 있어 자연히 외워질 수밖에 없는 것 같다. 이렇게 머릿속에 재료별 가격을 외우고 있으면 마트를 다니면서 어디가 더 저렴하고 비싼지 단번에 알 수 있다.

단, 무조건 싸다고 좋은 건 아니다. 예를 들어 세네갈 갈치가 제주 갈치보다 가격이 조금 저렴하다 해서 더 좋다고 할 수 있을까. 그리고 한 번은 할인하는 당면을 사려고 보니 같은 상표 제품인데도 원산지가 달랐다. 평소에 사던 제품은 국내 생산이었지만, 할인 상품은 중국 위탁 생산 제품이었다. 상품 구매 전 원산지를 확인하고, 가공식품의 경우 원료명과 함량, 기름은 무엇을 썼는지 꼼꼼하게 살펴보고 더 나은 조건의 상품을 구매하도록 하자.

슈퍼마켓을 다니면서 꼭 해야 하는 게 고객 등록이다. 요즘에는 슈퍼마켓에서도 할인판매를 할 때 번호가 등록된 고객들에게 문자를 보내준다. 단순히 할인판매를 한다는 통보 정도가 아니라 상품별 가격과 몇 시에 할인한다는 내용까지도 MMS로 길게 보낸다. 이런 문자를 보면 수신 거부부터 하지 말고 꼼꼼히 챙겨보자. 광고가 아니라 다 돈이 되는 정보다.

장을 볼 때 단순히 가격만 보고 무작정 사지 말고 그램으로 따져보자. 막상 할인한다고 적혀 있는 상품이 할인하지 않는 상품과 그램으로 비교하면 더 비쌀 때도 있다. 계산을 위해서 휴대전화 계산기는 필수다.

또한 싸다는 이유로 생활에 전혀 필요하지 않은 물건을 충동구매해서 사지 않도록 평소 휴대전화 메모 앱에 필요한 물건을 적어놓았다가 필요한 물건만 사도록 노력하자. 연 소득 25% 이상을 초과해 현금이나 신용카드와 체크카드를 사용한 금액에 대해서 신용카드는 15%, 체크카드와 현금은 30%의 소득공제를 받을 수 있다. 신용카드와 체크카드의 소득공제 한도는 최대 300만원이며, 전통시장 사용액은 최대 100만원까지 추가로 공제를 받을 수 있다. 시장에서 카드로 결제하면 연말 정산할 때 대형마트보다 소득공제율이 높다. 그리고 연말정산 간소화서비스에서 전통시장이 구분되어 표시된다.

전통시장

시장에서 장을 볼 때는 카드보다 현금이 더 이득이다. 친정엄마께 "보통 순대 5000원어치면 2인분도 안되는데 아가씨 때부터 다니던 단골 순대집에 가서 많이 달라고 말했더니 순대 5000원어치에 5인분 양을 주었다"고 말하면서 사온 순대를 같이 먹자고 했다. 친정엄마는 "말 한마디 더한다고 손해 보는 것 없다"라고 말씀하시며 근래 전통시장에서 오징어를 산 일화를 말씀해주셨다.

당시 오징어 가격이 마트에서 2마리에 5000원 할 때였다. 전통시장에 가니까 5마리를 만원에 팔고 있었다고 한다. 그런데 친정엄마는 생선을 파는 상인에게 오징어 손질을 내가 직접 하는 대신 오징어 한 마리를 더 달라고 흥정을 했더니 상인이 흔쾌히 수락했단다. 그러면 만원어치 더 살테니 한 마리를 더 끼워달라고 말했단다. 이 흥정도 성공했다.

결과적으로 만원에 6마리, 2만원어치를 사서 12마리에 한 마리 더 추가해서 총 13마리를 사셨다. 마트에 갔다면 2만원에 오징어 8마리를 살 수 있었겠지만, 엄마는 5마리를 더 사온 것이다. 마트에서 32,500원에 샀어야 할 오징어를 전통 시장에서 흥정에 성공해서 12,500원의 이득을 보았다. 사온 오징어는 냉동실에 보관했다가 두고두고 먹으면 된다.

이처럼 시장의 매력은 흥정에 있다. 어차피 깎아달라고 말 한마디 해서 안 깎아준다고 한들 본전이다. 하지만 더 살 테니 깎아달라는 건 소비자나 판매자나 둘 다 win-win전략이니 흥정에 성공할 가능성이 크다.

채소를 살 때는 한 번에 많이 사면 결국 버리는 경우가 종종 생긴다. 그래서 필요한 재료만 사서 먹는 게 좋다. 어차피 아이를 데리고 산책도 해야 하니 매일 장 보러 간다고 생각하고 필요한 것만 사자.

물론 예외는 있다. 필요한 음식재료가 없더라도 세일 상품이 평소보다 훨씬 저렴하게 나왔다면 일단 세일 상품을 구매 후 그 재료로 만들 수 있는 요리를 해서 먹는 것도 식비를 아끼는 방법이다. 냉동이 가능한 생선이나 고기류는 마트에서 세일 할 때 미리미리 싸게 사놓고 먹도록 하자.

그리고 가장 중요한 것이 있다. 금강산도 식후경이라는데 쇼핑은 말할 것도 없다. 원초적 본능은 폭발하는 섹시미가 아니다. 진짜 원초적 본능은 배고픔이다. 밥 안 먹고 장 보러 가 봐. 재테는 무슨, 카트에 먹고 싶은 거 다 쓸어담는다? 장보기는 식후에 가야 이성적인 사고로 과소비를 피할 수 있다.

아이와 함께 먹는 가족식단

아이를 키우며 요리법이 많이 바뀌었다. 아이 반찬을 어른 반찬과 따로 만드는 게 비효율적인 것 같아 저염식으로 요리한다.

예를 들어, 시금치나물을 데쳐서 무치면 일부는 가위로 몇 번 잘라 아이 반찬통에 넣고 남은 시금치나물은 소금을 더 친 후 어른 반찬통에 넣는 식이다. 국도 마찬가지다. 저염식으로 끓여서 일부는 덜어 가위로 잘라 아이 반찬통에 보관하고, 남은 국에 소금과 조미료를 더 넣어서 어른 입맛에 맞게 끓인다.

참고로 한 번 요리할 때 하루 동안 먹을 음식을 미리 준비해 놓는다. 가령 아침에 근대국, 점심에는 메인요리로 찜닭, 저녁에 골뱅이무침을 먹을 거라면 아침에 근댓국을 만들 때 점섬과 저녁 음식에 들어갈 부재료(채소)도 같이 손질하고 양념장을 만들어서 냉장고에 보관한다. 음식을 할 때마다 설거지 거리가 어마어마하기 때문이다. 요리 준비를 한 번에 끝내면 세 번 씻을 도마와 칼도 한 번에 씻을 수 있고, 음식물 처리도 한 번에 끝낼 수 있어서 시간적으로나 체력적으로나 많은 이점이 있다. 그리고 음식을 만든 후 나온 설거지 거리는 근대국이 끓는 동안 바로 뒷설거지를 한다.

이렇게 하면 점심시간과 저녁시간이 되었을 때 미리 준비해놓은 반조리 음식을 냄비에 물만 넣고 끓이기만 하면 된다.

03. 주거비

주거비 항목에는 가구 집기, 부엌용품 등 구매비 그리고 생활용품을 구매한 금액을 적는다. 생활용품은 유통기한이 정해져 있지 않거나 정해져 있다 해도 딱히 음식재료처럼 유통기한이 짧지 않고 길어서 인터넷 쇼핑을 적극적으로 활용한다. 요즘은 스마트폰 앱을 깔아서 사용하면 할인쿠폰을 더 많이 주는 경우가 많으니 컴퓨터로만 인터넷 쇼핑을 하지 말고 스마트폰 앱으로도 확인하는 것이 좋다. 단, 간편하게 결제하는 방식은 사용하지 말자. 돈을 쓰기 쉽게 만들면 그만큼 돈이 쉽게 나간다.

쿠폰을 받으면 휴지와 치약, 비누, 생리대와 같은 생활용품을 사서 창고에 쌓아놓는다. 미리 구매하지 않고 필요할 때 사면 손해가 크다. 특히 접근성이 편한 편의점이나 집 근처 소매점을 이용하면 인터넷 쇼핑으로 구매했을 때보다 2배 이상 가격 차이가 나기도 한다. 인터넷 쇼핑에서 2개 살 돈으로 소매점에서 1개를 사는 격이다. 물론 예외도 있다. 앞서 얘기했듯이 신장개업 슈퍼마켓 전단을 보면 생활용품이 인터넷 쇼핑보다도 더 저렴할 때도 있으니 미리 쟁여두자.

찬장을 가득 채운 그릇들

아이는 평수가 큰 집으로 이사한 후 못 보던 그릇들이 찬장에 가득 채워져 있음을 알게 됐다. 그래서 엄마한테 물어보니 아빠한테는 선물로 들어왔다고 말해놨으니 모른 척하라면서 사실은 본인이 다 구매하신 거라고 했다. 특이한 문양이 그려져 있는 접시는 하나에 수십 만원이었다.

설거지하는 건 싫어하면서 그릇 좋아하는 분들은 왜 이렇게 많은지 모르겠다. 수십 만원이 넘는 커피잔 세트를 산 후에는 커피잔이 깨질까 봐 찬장 깊숙이 보관해놓는다. 그릇만 그런 게 아니다.

예비 신부는 이번에 칼 세트를 200만원이 조금 넘는 돈을 주고 샀다. 칼을 한 번 갈 때마다 갈려 떨어지는 칼 가루가 몇 백원은 될 것 같다. 그 정도 가격이면 커피잔처럼 부엌 어딘가에 고이 모셔 놓을 확률이 높다. 어차피 찬장에 묵힐 거라면 차라리 그 돈 주고 금을 사서 장롱에 묵히면 금값이 올랐을 때 현금화해서 목돈이라도 마련할 텐데 안타깝다.

홈쇼핑, 충동구매는 금물

친구에게 전화가 왔다.

친구 (다급하게) 너 지금 홈쇼핑 보고 있어?
나 아니ㅋㅋ
친구 지금 홈쇼핑 채널에 진짜 괜찮은 물건 나왔어. 너도 하나 사!
나 어, 일단 생각해볼게.

전화까지 해서 알려주는 친구에게 고맙기는 하지만 집에 홈쇼핑 채널이 안 나온다. 홈쇼핑을 보면 진행자들이 쉴 틈 없이 빠르게 얘기하고 있다. 화면 밑에는 '매진 임박, 몇 분 안 남았으니 빨리 전화기를 드세요'라는 문구가 보인다. 홈쇼핑 방송을 보고 있노라면 이성적인 판단으로 구매하기보다는 "어머, 저건 지금 꼭 사야 해!" 하면서 전화기 버튼을 쉴 새 없이 누르게 된다. 지금 이 순간이 아니면 다시 못 살 것처럼 말이다. 금액도 굉장히 저렴하게 느껴진다.

가령 월 29,500원에 가전제품을 사면 저렴하다고 생각한다. 하지만 금액 옆에 적힌 24개월을 곱하면 총 708,000원. 절대 적지 않은 금액이지만 29,500원에 사는 듯한 착각에 빠진다. 참고로 물건을 살 때 반올림을 해서 계산하자. 월 29,500원은 2만원대가 아니라 3만원으로 생각해야 계산이 쉽다.

그런데 막상 물건이 오면 마음에 들지 않는 경우가 허다하다. 반품하자니 번거로워서 그냥저냥 쓰기로 한다. 이런 충동적인 소비를 하지 않기 위해서 가장 좋은 방법은 홈쇼핑 채널 자체를 지우는 것이다.

소비는 계획에 맞게 이뤄져야 한다. 필요한 게 있으면 메모해 두었다가 두세 번 더 생각해보고 구매해도 늦지 않는다. 보통 물건을 살 때 지금 이걸 사지 않으면 다시는 못 살 것 같은 느낌이 든다. 틀렸다. 언제든지 살 수 있다. 이익을 추구하는 판매자는 수요자가 있는 한 계속 제품을 생산해서 판매한다. 만약 수지가 맞지 않는다면 가격을 올려서라도 지속해서 판매할 것이다.

만약 다시는 구하지 못하게 되었다면 다행인 줄 알아야 한다. 상품을 구매한 고객들이 직접 사서 써보니까 별로라는 입소문 때문에 수요가 줄어서 판매자가 더는 생산 및 판매를 하지 않을 가능성이 크다. 부자가 되기 위해서 충동구매는 반드시 뛰어넘어야 할 장애물이다.

04. 피복비

피복비에는 옷, 침구, 신발, 장신구, 가방 등 구매, 수선, 세탁비 등이 포함된다.

자신의 스타일 찾기

30대가 되면 자기 스타일이 하나쯤은 있어야 한다. 물론 이 패션, 저 패션을 시도해보면서 시행착오 끝에 얻어진 귀한 결실이다. 자기만의 스타일이 있다면 내 옷장을 파악하고 그 스타일에 필요한 아이템만 사면 된다. 그렇지 않고 매번 다른 스타일의 옷을 고집한다면 필요한 아이템 하나를 살 때마다 그에 어울리는 필요하지 않은 아이템까지 또 사야 한다.

가령 평소에는 격식 없는 차림으로 다니는데, 갑자기 블라우스 하나를 사면 블라우스와 잘 어울리는 재킷, 블라우스와 잘 어울리는 치마와 신발까지 사야 한다. 그리고 가방까지 사게 되면 처음에 필요했던 블라우스 때문에 그외의 나머지 것들도 사게 되는 것이다.

　나의 경우에는 특별한 경우를 제외하고는 브랜드 제품을 구매하지 않는다. 대신 제품의 질을 보고 산다. 일단 원산지가 국내여야 하고, 치마와 가방은 3만원 선, 블라우스는 2만원 선에서 재킷은 10만원 이하로 정장스타일로 입는다. 내가 고른 제품과 비슷한 디자인과 재질의 옷을 백화점 브랜드로 사면 가격이 10배 이상 차이가 난다. 투자로 치자면 1000%의 수익률이다. 심지어 내가 고른 옷과 디자인이 비슷한 브랜드의 옷 원산지를 확인하면 made in China. 브랜드 옷 중에 원산지가 국내면 중국산보다 가격이 훨씬 비싸다. 옷을 사다 보면서 느끼는 건데 확실히 국내에서 제품을 잘 만든다.

　브랜드 제품은 제품을 만드는데 들어가는 비용이 적게 들어가도 그 외의 유통비, 광고비가 많이 나가고 마진율이 높으므로 비싸다. 가방은 또 어떤가. 유명한 브랜드는 최소 30만원에서 몇 백 만원을 호가한다.

　20대로 보이는 한 여성이 보석함 속 반지를 바라보고 있다. 남자친구가 어제 프러포즈를 하며 건넨 반지다. 그러나 그녀의 표정은 밝지가 않다. 그를 사랑하지 않아서가 아니다. 직장 생활 3년이 되도록 결혼 비용을 모으지 못했기 때문이다. 생각해보다 답이 나오지 않자 며칠 전에 할부로 산 신상 명품 가방 안에 보석함을 넣는다.

　여자들이 모여서 가방 이야기를 하는 경우가 적지 않다. 들어보면 가관이다. 염가로 판매해서 저렴하게 샀다는데 가방 가격이 자기 세 달치 월급보다 비싸다. 그리고 또 다음에 모일 때는 또 다른 가방을 샀다고 얘기하며 이건 데일리로 쓰기 좋다고 말한다.

별 생각 없다가도 집에 돌아와서 생각해보니 나도 그 브랜드의 가방 하나 정도는 있어야 할 것 같아 구매를 결정한다. 그렇게 가방을 사면 다음 달 월급부터 밑 빠진 독에 물 붓기가 시작된다.

그런데 결혼 후에는 아가씨 때 비싼 돈을 주고 가방을 산 게 아깝다는 생각이 든다. 그리고 잘 메지도 않았던 명품가방을 필요 없다는 이유로 헐값에 중고로 판 후 돈이 생겨서 좋다고 생각한다. 가방뿐이 아니다. 시계도 만만치 않다.

다음 달이면 결혼식을 올리는 예비 신랑, 근래 머리가 깨질 것처럼 아프다. 아무리 생각해도 지금까지 모은 돈으로는 원룸 전세도 힘들 것 같기 때문이다. 그러나 이마를 짚고 있는 그의 손목에는 예물로 맞춘 2000만 원짜리 시계가 반짝이고 있다. 개인의 취향이라고 여겨왔던 옷, 향수, 가방, 액세서리 모두가 사실은 돈이 안 모이는 이유일 수 있다.

가격이 싸도 비쌀 수 있고, 가격이 비싸도 쌀 수 있다

물론 비싼 브랜드의 가방을 사더라도 잘 사용한다면 비싼 게 아닐 수 있다. 대학생 때 옷장 속 여름 티셔츠들의 가격은 대부분 3,900원이었다. 가격은 쌌지만, 결코 싼 금액이 아니었다. 어떤 옷은 세탁기 한 번 돌리니 목이 다 늘어나서 두 번 다시 입지 못했고, 또 다른 옷은 겨드랑이 부분이 심하게 조여서 그 옷을 입을 때면 늘 손을 허리에 올리고 다녀야 했다.

다음 여름이 찾아왔을 때 작년에 샀던 옷들을 입을 수가 없어서 모두 새로 구매해야했다. 그해에는 4,900~6,900원 정도의 돈을 주고 티셔츠를 구매해보았다. 금액이 조금밖에 차이가 나지 않았지만 3,900원 옷처럼 겨드랑이가 조이지도 않았고 훨씬 편했다. 만원대의 여름 티셔츠를 샀더니 몇 년간 스타일까지도 마음에 쏙 들게 입을 수 있었다. 이래서 '물건을 모르면 돈을 더 줘라'라는 말이 있구나 싶었다. 하지만 3만원대 이상의 티셔츠를 샀을 때 만족도는 크게 늘지 않았다. 가격 대비 성능비(가성비)로 봤을 때 나에게는 2만원대 티셔츠면 충분했다. 다른 옷들도 이런 방법으로 가격의 적정선을 찾았다.

그러나 아웃도어 옷은 달랐다. 브랜드 고유의 기술력으로 다른 옷에는 없는 특장점이 있다. 당장은 살 때의 가격이 비싸기는 했지만, 기능면에서 탁월했다. 보세 옷과는 달리 바람도 안 들어오고 몹시 따뜻했다. 어떤 브랜드의 옷은 사서 입은 지 7년이 넘었다. 회사에 출근하지 않는 날이면 어김없이 이 옷을 입고 다녔다. 이렇게 따져보면 가격이 비싸다고 이 옷이 진짜 비싸다고 말할 수 있을까. 오히려 한 번 입고 버리는 3,900원의 티셔츠보다 저렴하다고 할 수 있다.

브랜드 옷을 살 때는 근처 오프라인 가게에 가지 않고, 인터넷 쇼핑몰의 기획전을 기다린다. 통상 새로운 계절이 되기 전에 기획전을 하는 경우가 많다. 또는 정반대의 계절일 때도 파격할인을 많이 한다. 그때 정가보다 저렴하게 옷을 사는 편이다. 단, 남에게 과시하기 위해서 브랜드의 옷을 구매하지는 않는다. 과시하기 위한 소비는 사치일 뿐이다.

05. 육아비

아이 옷은 얻어 입히는 게 최고?

'아이 옷은 얻어 입히는 게 최고다!'라고 말하지만 사실 옷을 얻는 게 쉬운 일이 아니다. 일단 나의 경우 주변에 아이 옷을 얻을 만한 사람이 없다. 대부분 이제 결혼을 하거나 아니면 내 아이와 비슷한 또래의 아이를 키우는 사람뿐이다.

하지만 이런 이유가 아니더라도 다른 이유가 있다. 한 번은 친구가 "아기가 입던 옷들을 줄 수 있느냐?"고 물었는데 거절한 적이 있다. 난 내 아기가 입던 옷을 친구에게 주기가 꺼려진다. 아까워서가 아니라 미안해서다.

우리 아이는 잘 토하는 아이였다. 트림을 시켜도 눕히면 토하는 바람에 2시간이 넘도록 아이를 트림시키는 자세로 안고 있었던 적도 있었다. 그래서 아이 옷 중에 깨끗한 옷이 없다. 목 밑으로 누런 얼룩이 져 있다. 아이가 커서도 상황은 다르지 않았다. 이유식을 먹으면서 흘린 음식물 자국들과 장난치며 묻은 얼룩들은 세탁해도 잘 지워지지 않았다. 이런 지저분한 옷들을 친구에게 준다면 친구 마음이 어떨까. 상상만 해도 아찔하다.

옷이 얼룩지지 않았더라도 내 아이가 입던 많은 옷을 주느니 친구에게는 예쁜 새 옷 한 벌을 선물하는 게 훨씬 낫다고 생각한다. 나조차도 이런데 다른 사람들이라고 크게 다르지는 않을 것이다. 그러면 옷을 얻어 입힐 방법은 없는 걸까? 그렇지 않다.

바로 아동의류를 공유할 수 있는 사이트 '키플'이 있다. 아이의 작아진 옷뿐만 아니라 책, 유모차 등의 육아용품도 공유할 수 있다. 아니면 중고나라, 맘스홀릭, 지역 카페 등에서 중고로 구입하는 방법도 있다. 이 중에서도 지역 카페 이용하기를 추천한다.

일단 중고나라 카페보다 지역 카페가 훨씬 거래가 빠르다. 근처에 있어서 직접거래를 통해 배송비를 아낄 수 있다는 장점도 있다. 그렇다고 수시로 카페에 들어가서 확인하려면 하! 생각만으로 피곤하다. 이때는 '새 글 알림설정' 기능을 이용하자. 가령 '유아 책'으로 키워드를 입력하면 유아 책에 관련된 새 글이 올라올 때마다 바로 알림이 온다. 그래서 수시로 카페에 들어가지 않아도 글이 올라오는 즉시 정보를 확인할 수 있다.

다른 방법도 있다. 새 제품을 저렴하게 사는 방법이다. 아이는 금방 자라기 때문에 한 해만 입으면 다음 해에는 입히지 못한다. 옷뿐만 아니라 양말과 신발이 닳기도 전에 1년이 지나면 치수가 맞지 않는다. 그래서 아기의 옷은 어른의 옷보다도 더더욱 비싼 옷을 살 필요가 없다. 대신 아기의 옷을 살 때는 국내에서 만들었는지 확인하고 그중에서 가격이 저렴한 옷으로 구매한다.

인터넷 쇼핑몰 중 이월 상품을 파는 사이트(보리보리몰 www.bori-bori.co.kr 등)를 이용하며 내의, 외출복 위아래 한 벌을 만원대에 살 수 있다. 가끔 브랜드 옷을 사는 때도 있는데 대형할인점 가판대, 백화점 매대 행사, 아울렛 매장, 상설 할인 매장에서 할인할 때만 샀다. 참고로 아이 옷을 살 때는 한 치수 큰 걸로 사자. 그래야 올해, 다음 해까지 2년은 입힐 수 있다.

나는 처음 옷을 구매하면 따뜻한 물에 담갔다가 손빨래를 한다. 그리고 다음부터 세탁기에 넣어서 세탁한다. 처음에 옷이 공장에서 바로 나왔기 때문에 따뜻한 물에 옷을 빨아야 염료를 뺄 수 있다. 이 과정을 거치지 않고 바로 세탁기에서 찬물로 세탁하면 염료가 빠지지 않기 때문에 아기 피부에 자극을 줄 수 있다. 그래서 아이 옷은 특히 더 신경 써서 따뜻한 물에 세탁한다. 한 번 따뜻한 물로 손빨래하고 다음에 따뜻한 물에 손빨래하려고 보면 더는 염료가 빠지지 않는다. 물론 공정이 잘된 옷은 염료가 안 빠지기도 한다.

처음에 멋모르고 알록달록하니 색상이 화려한 것으로 아기 옷을 샀는데 당시 따뜻한 물에 아기의 옷을 담갔을 때 나오던 물의 색깔을 잊을 수가 없다. 아무리 헹궈도 계속 색이 빠졌다. 이런 염료가 아기 피부에 닿으면 아토피를 유발할 수 있는 주범이 될 수 있다. 이후부터는 아기의 피부에 닿는 내의는 되도록 색이 진하지 않은 파스텔 색조의 제품만 고집한다.

옷을 살 때는 한 판매자에게만 사지 말고 여러 곳에서 구매해보는 게 좋다. 인터넷에서 옷을 사면 같은 치수인데도 불구하고 막상 입히면 어떤 건 좀 크고 어떤 건 좀 작다. 또 어떤 건 아기 배가 조일 정도로 고무줄이 빡빡한 게 있지만 느슨해서 내려오는 바지도 있다. 판매처마다 조금씩 옷이 다르니 아이에게 잘 맞는 판매처를 찾는 것이 중요하다.

장난감이 장난이 아니다

아기 장난감이 어른 물건보다도 더 비싼 게 많다. 하나에 10만원을 훌쩍 넘는 장난감들이 수두룩하다. 그런데 아기의 발달이 빠른 만큼 장난감을 새로 사야 하는 시기도 빨라서 매달 새로운 장난감을 사게 되면 양육비가 턱없이 부족할 수밖에 없다.

조금만 부지런하면 돈을 아낄 수 있다. 인터넷 포털사이트에서 장난감 대여라고 찾아보자. 지자체에서 운영하는 장난감 대여점, 복지관에서 운영하는 대여점, 기업에서 복지 차원으로 운영하는 장난감 대여점, 장난감과 도서까지 제공해주는 육아종합지원센터를 이용할 수도 있다. 나는 1년에 회비 2만원으로 2주마다 장난감을 2개씩 빌릴 수 있는 사회복지관에서 운영하는 집 근처 장난감 대여점을 이용해오고 있다. 대여점의 한 가지 단점이 있다면 남들과 같이 사용하는 장난감이다 보니 간혹 작동이 되다 안 되다 하는 문제가 있었다. 그러다 내가 반납할 때 아예 작동이 안 되는 경우가 생길까 안절부절못했었다.

하지만 지금은 노하우가 생겼다. 장난감 대여 시 고장이 나지 않을 장난감으로 빌리는 것이다. 가령 전자제품의 경우 접촉 불량으로 작동이 안 될 가능성이 있으니 선이 늘어져 있는 제품은 애초에 빌리지 않는 것이다. 아이의 특성에 맞춰서 빌리는 방법도 있다. 아이가 아직 어려서 깨물기를 좋아한다면 깨물어도 안전하고 고장이 나지 않을 제품으로 빌리면 된다. 그리고 아이가 활동적이라서 플라스틱 장난감이 부서질 것 같으면 부서질 염려가 없는 목재 소재의 장난감을 빌리면 된다.

어떤 아기 엄마는 아기와 놀아주기가 쉽지 않아서 아기 혼자서 가지고 놀 수 있는 장난감을 사야 한다고 했다. 하지만 장난감이든 책이든 다 엄마가 아기와 함께 놀기 위한 매개체일 뿐이다. 사실 아기에게는 장난감보다 엄마의 관심과 사랑이 더 필요하다. 신문지만 찢어줘도 좋다고 까르르 웃는 게 아기다. 세상에 태어나서 보는 것들이 모두 처음 보는 걸 테니 모든 것이 다 신기할 것이다.

아기 장난감을 구매하려면 '아기가 혼자서 잘 놀 수 있을까?'를 기준으로 삼으면 안 된다. '엄마랑 아이가 함께 놀 수 있는 매개체가 될 수 있는가?' 그리고 '아이들의 상상력을 자극할 수 있는가?'에 초점을 맞춰서 구매하자.

만약 장난감을 구매하기로 결심했다면 하루라도 빨리 사는 것이 이득이다. 아이가 하루가 다르게 크는데 더 빨리 많이 가지고 놀려면 하루라도 일찍 사야 한다. 장난감을 살 때 다이소 장난감 코너를 자주 이용하자.

병원 놀이, 공구 놀이, 모래 놀이 등도 1000~3000원 정도면 구입이 가능하다.

스크래치 상품을 사는 방법도 있다. 스크래치 상품 가격이 최대 50% 이상 저렴한 경우도 있다. 공정상 스크래치가 생긴 거니까 기능에는 크게 문제가 없다. 어차피 아기 손에 들어가면 물고 빨고 금방 스크래치가 난다. 혹은 옷을 사는 방법과 마찬가지로 중고로 구매하는 방법도 있다.

하지만 가장 좋은 방법은 대체할 수 있는 다른 물건을 찾는 것이다. 가령 컵 쌓기 장난감의 경우 플라스틱 컵 몇 개를 묶어놓고 만원이 훌쩍 넘는다. 장난감 화장품은 또 얼마나 비싼가. 만원짜리 컵 쌓기 장난감 대신 500원짜리 진짜 종이컵을 한 묶음 사는 것도 방법이다. 상자 쌓기 놀이는 집에 있는 플라스틱 반찬 통으로 대신하고, 화장품 놀이는 다 쓴 화장품 중 아이가 다칠 확률이 없는 안전한 용기를 깨끗이 씻어서 줘도 된다. 걸음마 보조기라는 아기들이 밀고 다니는 장난감이 있는데 우리 아이는 그것 대신 바퀴 달린 빨래통을 밀고 다녔다.

그러고 보면 '유아'라는 단어만 붙으면 같은 용도의 물건인데도 가격이 비싸진다. 처음에는 '장난감 가격이 왜 이렇게 비싼가?' 해서 이리저리 장난감을 살펴보았는데 재질이 다른 것도 아니었다. 그냥 일반 생활용품과 똑같은 플라스틱이었다. 그러고 보면 결혼, 출산, 육아에 관한 제품이나 서비스는 대체로 비싼 경우가 많다.

다른 사람이 사용해보고 좋다고 해서 우리 아이가 좋아할지는 미지수다. 실제로 국민 장난감이라고 불리는 장난감을 사줬는데 한 번도 안 가지고 노는 때도 있고 아니면 몇 분 만져보다가 다시는 안 가지고 노는 때도 있다. 이렇게 장난감을 사서 집 한쪽 구석에 쌓이는 경우가 많다. 만약에 아기 장난감을 살 거라면 미리 장난감 대여점이나 친구 집에서 장난감을 가지고 놀아보게 해보고 잘 가지고 놀면 그때 사는 것도 방법이다.

장난감 대여점에서 빌려 온 장난감 중 2주 연속 하루도 빠짐없이 잘 가지고 놀던 장난감이 있었다. 당시 배밀이를 하던 때였는데 22개월인 지금도 장난감 대여점에 가면 여전히 그 장난감에 제일 관심을 가진다.

반면 점프하는 장난감은 금액대가 비싸고, 국민 장난감으로 불릴 정도로 애 키우는 집에 한 집 건너 한 집은 있다는데 우리 아이에게는 맞지 않았다. 그 장난감을 타고 몇 분 안되서 토를 했다.

롤러코스터를 좋아하는 어른이 있고 싫어하는 어른도 있는 것과 같은 이치다. 아이의 장난감은 가격과 만족도가 정비례하지 않는다. 우리 아이는 마트에서 1000원 주고 산 공을 제일 잘 가지고 논다.

이런 건 꼭 장난감뿐만 아니라 다른 육아용품도 마찬가지다. 유모차만 봐도 그렇다. 이번에 임신을 한 부부는 좋다고 입소문이 난 100만원이 넘는 유모차를 출산 전에 미리 장만해 두었다. 그런데 막상 태어난 아기는 그 유모차에 타면 엄청나게 울어댔다. 아기가 좀 커서도 마찬가지였다. 결국, 유모차를 안 쓸 수는 없어서 인터넷에서 몇 만원 주고 휴대용 유모차를 샀는데 이 휴대용 유모차는 잘 타고 다니는 게 아닌가. 어차피 유모차의 승차감은 아이가 느끼는 것이다. 육아용품을 살 때 아이를 위한 것인지 부모의 만족을 위한 것인지 잘 판단하자.

아가야, 책은 먹는 게 아니란다

유아 책은 돈을 주고 살 수밖에 없었다. 구강기일 때 책을 읽어주면 일단 아이는 책을 귀로 듣기보다는 입으로 탐색한다. 그래서 되도록 아이의 책은 보드북이나 천으로 된 것을 권장한다. 당시 우리 아기는 보드북도 질근질근 씹어 먹기에 염소인가 싶을 정도였다. 참고로 책을 뜯어 먹었을 때 처음에는 아기가 책을 먹고 어떻게 잘못되는 게 아닌가, 복통이 있지는 않을까 걱정했었는데 다행히 응가에 그대로 나왔다. 웬만해서는 응가로 다 나오니까 너무 걱정하지 않아도 된다. 하지만 동그란 수은 건전지 같은 경우는 아이에게 굉장히 위험하므로 아이의 손이 닿지 않는 곳에 보관해야 한다.

구강기를 지나고 항문기가 와도 책을 가만히 두지 않는 건 마찬가지였다. 달라진 점이 있다면 책을 먹는 것이 아니라 이제 책을 찢기 시작한다. 그게 아니면 책에 크레파스로 선 긋기 놀이를 한다. 이럴 때 책을 빌리면 책값을 물어줘야 하니까 빌리는 게 사는 것보다 돈이 더 들어갈 수 있다. 책을 진짜 책으로 볼 수 있는 시기가 오기 전까지는 책은 저렴하게 구매해야 한다.

유아 책은 중고서적 할인을 할 때 구매하거나, 아파트 재활용품 버리는 곳에서 주워 오기도 했다.

도서정가제가 시행되기 며칠 전에 아이가 커서도 이 책만은 꼭 읽어야 하지 않을까 하는 책들을 저렴하게 구매해두었다. 위인전, 세계명작동화, 세계역사만화 등 도서정가제 직전이라서 할인 쿠폰까지 받을 수 있는 게 매력적이었다. 이후 필요한 책들은 중고서점이나 중고사이트(개똥이네, 교보문고 중고장터, YES24 중고샵 등)에서 저렴한 가격에 구매해서 읽어 주고 있다.

아이가 자란 후, 책을 사는 게 부담스럽다면 도서관에서 빌리는 방법도 있다. 하지만 아이를 데리고 도서관에 왔다 갔다 하는 것이 보통 번거로운 게 아닐 것이다. 그럴 때는 대여하는 장소를 바꾸는 건 어떨까.

요즘은 아파트 내에서 '작은 도서관'을 운용하는 경우도 있고, 아니면 공공도서관에서 '이동도서관'을 운용하기도 한다. 일단 지역 도서관 홈페이지에서 이동도서관을 운용하는지 확인하고 운영지역과 일정을 살펴보자. 이동도서관이 집 근처에 온다면 굳이 번거롭게 아이를 데리고 도서관까지 가는 수고를 하지 않아도 편리하게 책을 빌릴 수 있다. 또한, 책이 아니더라도 공공도서관에서 아이들과 어른들을 대상으로 영어, 중국어, 한국사 등의 수업을 운영하기도 한다. 비용은 재료비 정도로 부담되는 수준이 아니니 학기 시작 전 강의 신청을 노려보자.

북스타트로 책을 얻는 방법도 있다. 북스타트란 아이 연령에 따라 가방과 책 2권, 손수건 등을 무료로 받을 수 있는 지역사회 문화 운동 프로그램이다.

북스타트 이용법

1. 북스타트 홈페이지에서 본인이 사는 지역의 시행기관이 있는지 확인
2. 지역의 시행기관 문의 혹은 시행기관 홈페이지에서 북스타트 공지 확인
3. 도서관 어린이 자료실 방문해서 해당하는 개월 수 아이의 북스타트 신청 접수(보호자 신분증, 주민등록등본 지참)

기관별로 다를 수 있으므로 문의전화를 해보고 가기를 추천한다.

그러고 보면 책뿐만 아니라 정부와 지자체에서 지원하는 정책이 많다. 먼저 임신을 준비하고 있다면 보건소에서 산전검사를 무료로 받을 수 있다. 나의 경우 내가 사는 지역의 보건소에서는 임신 기간 동안 엽산제와 철분제를 무료로 줘서 잘 이용했었다. 그러나 지역마다 출산지원금과 혜택이 다르므로 본인이 사는 지역 보건소 홈페이지에서 어떤 혜택이 있는지 확인하자.

국민 행복카드(구 고운맘카드)를 개설하면 50만원까지 병원비를 지원받을 수도 있다.

싼 기저귀가 최선일까?

난 아이가 태어나기 전에는 기저귀는 가장 싼 걸 쓰면 된다고 생각했다. 똥에 투자할 이유가 없었기 때문이었다. 하지만 아이가 태어난 후 예상은 빗나갔다. 아이의 피부는 내가 생각한 것보다 훨씬 예민했다. 피부에 맞지 않는 기저귀를 채우면 빨갛게 발진이 생겼다. 기저귀는 똥에 투자하는 것이 아니라 내 소중한 아이의 피부에 투자하는 것이었다.

아이가 태어나기 전 문화센터 예비맘 일일강좌에서 받아온 다양한 샘플 기저귀를 써보고 발진 없는 가장 좋은 기저귀를 택했다. 우리 아이에게 가장 잘 맞는 기저귀는 하기스 네이처메이드였는데 피부에 닿는 부분이 100% 천연식물성분이라서 그런지 밤새 채워놓아도 발진이 없었다. 하지만 이 제품이 다른 아이에게도 다 좋다고 말할 수는 없다.

가령 화장품만 보더라도 다른 사람은 다 좋다고 하는데 내 피부에는 안 맞는 경우가 있지 않던가. 하물며 기저귀는 아기의 피부, 체형, 대사량 등에 따라 다르니 차이가 더 많이 날 것이다. 어떤 아이는 종이 기저귀조차 안 맞을 수 있다. 그럼 천 기저귀를 몇 장 준비해서 사용할 수도 있고 아니면 아예 기저귀를 채우지 않는 방법도 있다. 소변이 포물선을 그리며 온 이불을 적시지 않게 위에만 손수건을 덮고 엉덩이 밑에는 천 기저귀 혹은 종이 기저귀를 깔아놓는 것이다.

내 아이에게 가장 잘 맞는 기저귀를 찾는 법을 찾으려면 일단 샘플을 많이 써봐야 한다. 기저귀 샘플을 받는 방법은 많다.

1. 육아 박람회에서 샘플 받기
2. 기저귀 혹은 분유 회사 사이트에 가입 후 샘플 신청
   남양아이(www.namyangi.com)
   매일아이(www.maeili.com)
   파스퇴르아이(www.pasteuri.com)
   보솜이(www.bosomi.co.kr)
   군 기저귀(www.elleairgoo-n.co.kr)
   하기스(www.ykbrand.co.kr/huggies) 등
3. 문화센터 예비맘 일일강좌 참가
4. 카페 이벤트 참여
5. 기저귀 체험단 신청

아이에게 가장 잘 맞는 기저귀를 골랐다면 제일 싼 곳에서 구매해야 한다. 기저귀는 오프라인에서 사는 것보다 온라인으로 사는 것이 훨씬 저렴하다. 그중에서 최저가를 찾아야 한다. 이전에는 가격비교사이트를 이용해오다 요즘은 정기배송을 신청하면 5% 할인을 받을 수 있는 소셜커머스를 이용하고 있다. 참고로 기저귀는 한두 달 단위로 사자. 아이는 우리 생각보다 훨씬 더 빠르게 자란다. 너무 사재기해두면 아이한테 작아서 못 채우는 일이 생길 수 있다.

비싸고 좋은 기저귀를 사면 기저귀값이 너무 많이 들지 않느냐고? 과연 그럴까? 아이가 조금 큰 후 '이제는 저렴한 기저귀로 갈아타도 되겠지?'란 생각으로 가성비 좋은 다른 기저귀로 갈아탔다. 하지만 나중에 가계부를 적으면서 의외의 사실을 알게 되었다. 저렴한 기저귀값의 한 달간 합계보

다 비싼 기저귀값의 한 달간 합계가 오히려 적었다. 어떻게 된 일일까?

비싼 기저귀를 쓸 때는 기저귀가 허리춤에서 내려올 정도로 묵직해지면 그때 갈아줘도 발진이 없었다. 그래서 하루에 3~4번 기저귀를 갈아주는 게 전부였다. 그런데 가성비 높은 중저가 기저귀로 바꾼 후 이전과 같이 하루에 3~4번 갈아주니 피부에 온통 붉은 발진이 생겼다. 다른 저렴한 제품으로 바꿔봤는데도 다르지 않았다.

발진이 가라앉을 때까지는 면 팬티를 입히거나 벗겨놓았고, 발진이 가라앉은 후에 다시 남은 저렴한 기저귀를 채웠다. 대신 발진이 생기지 않게 수시로 갈아주었다. 갈아주는 횟수를 세어보니 하루 평균 10번 이상이었다.

장당 가격으로 따지면 이전에 쓰던 기저귀가 중저가 기저귀보다 2배 정도 비쌌다. 하지만 중저가 기저귀가 이전에 쓰던 기저귀보다 갈아주는 횟수가 3배 이상 많으니 총 합계로 따져보면 오히려 이전의 기저귀가 더 싸게 먹혔다.

주변에서 흔히 들을 수 있는 얘기가 있다.

"낮에는 싼 기저귀 사서 발진 안 생기게 자주 갈아주고, 밤에는 비싸더라도 흡수력 좋은 기저귀 채워. 그래야 통잠을 자."

이 말을 바꿔 생각하면 낮에 비싸더라도 좋은 기저귀 채우면 자주 안 갈아주더라도 발진이 없다는 뜻 아닌가? 생각을 뒤집자. 그럼 돈이 보인다.

위에 열거한 품목 말고 다른 육아용품에 관해 묻는다면 미안하지만 난

해줄 수 있는 말이 없다. 위에 열거한 품목 말고는 아는 것이 없기 때문이다. 마른 수건을 쥐어짜듯 겨우 할 수 있는 한마디가 있다면 "아이 욕조는 5000원짜리 대야 두 개면 돼요." 정도일까.

"아기 로션은 꼭 쓰셔야 해요!"라는 의사선생님의 말씀이 없으셨다면 난 아기 로션도 안 살려고 했음을 조심스럽게 고백한다. 로션도 이럴 진데 다른 육아용품이야 말할 것도 없겠지.

불필요한 육아용품을 사지 않는다면 육아비는 가정양육수당만으로도 충분하다. 실제로 나는 가정양육수당으로 육아비를 쓰고도 돈이 남는다.

육아용품도 다른 물건과 다르지 않다. 꼭 필요한 물건 외에는 불필요한 물건일 뿐이다. 그리고 불필요한 물건을 사는 것은 낭비다.

산 넘어 산, 사교육비

아이가 자랄수록 육아비는 줄어든다. 하지만 다른 유혹의 손길이 뻗쳐온다. 바로 사교육비다. 앞으로 아이는 수학만 하더라도 숫자부터 시작해서 덧셈과 뺄셈, 구구단, 곱셈과 나눗셈, 분수, 도형의 넓이, 방정식, 피타고라스의 정리, 집합, 함수 그리고 미분과 적분까지. 그야말로 배워야 할 게 태산이다. 그런데 숫자부터 사교육으로 가르치기 시작하면 앞으로 사교육비 또한 태산일 것이다. 그렇다면 사교육비를 위해 부부의 노후준비자금을 저당 잡혀야 할까? 아이 교육과 노후 준비, 두 마리 토끼를 잡을 방법은 없을까?

토끼 하니 문뜩 학창 시절이 생각난다. 당시 선생님께서 내게 질문 하나를 하셨다.

"〈별주부전〉 이야기 속 토끼의 꾀가 아닌 다른 방법은 없을까?"

나는 답했다.

"있어요! 용왕님께 이렇게 말하는 거죠. "용왕님의 병을 고칠 정도로 대단한 토끼의 간이 그리 흔한 줄 아셨나이까. 간을 가진 토끼는 세상에 딱 한 마리뿐이옵니다. 하지만 저는 그 토끼가 아닙니다. 그러나 간을 가진 토끼를 제가 알고 있습죠. 저를 살려주신다면 간을 가진 토끼를 찾아오겠습니다." 이러면 그 토끼를 아는 자가 저밖에 없으니 살려줄 수밖에 없을 거예요."

조금만 생각하면 방법은 많다. 사교육도 다르지 않다. 그리고 사교육비를 쓰지 않는 사교육 방법도 많다.

시골에 사는 소녀는 영어 학원에 다니고 싶었지만, 부모님께 말씀드리지는 못했다. 대학에 다니는 첫째 언니의 등록금만으로도 농사를 짓는 부모님의 경제적 부담이 크다는 걸 잘 알고 있기 때문이었다. 그러던 어느 날, 수업을 마친 소녀는 집으로 돌아오는 중 학교에 새로 오신 선생님을 만나 얘기를 나누면서 좋은 생각이 떠올랐다.

딸 엄마, 우리 학교에 새로 오신 외국인 선생님이 계신데 우리 집에서 같이 지내면 안 될까? 집에서 영어로 대화도 하고 모르는 건 선생님께 바로 물어볼 수도 있고.

어차피 우리 방도 하나 남잖아. 엄마, 제발~

엄마   그랴, 첫째가 쓰던 방도 비고 밥상에 숟가락 하나만 더 올리면 되니께. 시골
집이라 불편한 점도 많을 텐디 선생님께 방세는 따로 안 줘도 된다고 햐~

딸   우와!! 우리 엄마, 최고!

그렇게 외국인 선생님은 시골집에서 홈스테이를 시작하게 되었다. 그
선생님은 아이의 공부를 봐주면서도 시골 밥상의 넉넉한 인심에 미안한
마음이 들었는지 기어코 봉투에 방값을 넣어 챙겨주었다. 그리고 주말이
면 부부의 농사일에도 일손을 보태주었다. 딸아이의 영어 실력이 나날이
발전하는 거야 말할 것도 없었다. 그렇게 3년 넘게 함께 살면서 외국인
선생님 역시 한국말이 많이 늘었고 한국 시골의 정도 알게 되었다.

외국인 선생님은 집을 떠난 뒤에도 한 번씩 부부에게 전화가 온다.

"그때가 그리워유. 보고싶어유~."

당장 집에서 시작할 수 있는 다른 방법도 있다. 그것도 하루에 딱 15분
이면 된다. 바로 엄마표 놀이 교실과 자기주도학습이다.

아이가 어리다면 엄마표 놀이 교실을 시작하자.

1. '참잘했어요(www.chamjal.com) 사이트' 등에서 학습지 프린트 무료 인쇄 혹은 서
   점에서 스티커북 구입 후 활용.
2. 아이와 놀아주듯 10~15분 공부하기 – 아이가 어릴 때는 집중할 수 있는 시간이 길
   지 않다.

3. 습관을 만들기 위해 학습을 마친 후 적절한 보상 – 포도송이 스티커 붙여주기

아이가 자라면 본격적으로 '자기주도학습'을 시작하자.

준비단계) 아이가 직접 고른 교재 구입. 구입 후 답지 떼기 – 모르는 문제가 있을 때
　　　　　답지 보지 않고 끝까지 풀어보는 연습하기
1단계) 아이 스스로 공부할 시간과 양을 계획하도록 하기
2단계) 아이 스스로 공부하는 시간 주기
3단계) 공부시간이 끝난 후 혹은 엄마의 퇴근 후, 15분간 엄마와 함께 아이가 계획대
　　　　로 공부했는지 확인하고 모르는 문제는 같이 풀어보기
4단계) 습관을 만들기 위해 학습을 마친 후 적절한 보상 – 예) 소정의 용돈 주기

　아이의 성격이 다르듯 아이마다 공부방식도 다르다. 문제조차 제대로 읽지 않고 답을 찾는 아이가 있는 반면, 한 문제를 푸는데 1시간 이상 붙들고 있는 아이도 있다. 이런 아이의 특성을 잘 아는 건 선생님이 아니라 수년간 아이를 키워온 엄마일 것이다.

　아니면 이런 방법도 있다. 바로 아이를 가르치는 것이 아니라 아이가 가르치는 방법이다. 한 번은 도서관에서 둔기로 머리를 세게 맞은 것처럼 충격에 휩싸였다. 7세 누나가 4살 된 동생에게 동화책을 읽어주는 모습을 보고서였다. 난 왜 책은 꼭 어른이 읽어줘야 한다고 생각했을까. 아이도 누군가를 가르쳐 줄 수 있는 건데 말이다. 그래서 어린아이들도 스터디그룹이 가능하겠다는 생각이 들었다.

학창 시절 나는 수학 선생님의 권유로 친구들과 수학 스터디그룹을 만들어 함께 공부했었다. 공부 방법은 간단하다.

1. 친구들과 하루 동안 공부할 수 있는 페이지를 함께 정한다.
2. 각자 공부해보고 모르는 문제는 따로 표시해놓는다.
3. 친구가 모르고 내가 아는 문제 – 내가 친구에게 가르쳐 준다.
   내가 모르고 친구가 아는 문제 – 내가 친구에게 배운다.

그러고 보면 선생님의 설명보다 오히려 또래 친구의 설명이 더 이해하기 쉬울 때가 많았다.

다 같이 모르는 문제 – 쉬는 시간 혹은 점심시간을 활용해 친구들과 함께 의논하며 풀어본다. 함께 답을 찾았을 때의 그 성취감은 캬! 아직도 잊을 수가 없다.
친구들과 함께 풀어봐도 답이 안 나오는 문제 – 다음 날 아침, 교무실에 찾아가서 수학 선생님께 물어본다.

이 방법으로 스터디그룹 멤버 모두 수학 성적이 올랐다. 혼자서 교무실을 찾기란 쉽지 않지만, 친구들과 함께라면 무서울 게 없었다. 다른 과목도 정 모르는 문제가 있으면 교무실로 선생님을 찾아갔었다. 그리고 배우려고 찾아오는 학생을 반기지 않는 선생님은 없었다. 이때 알게 되었다. 교무실을 두드려라. 그럼 열릴 것이다.

대학생이 된 후 자격증을 준비하며 인터넷 수강비 혹은 학원비가 나의 한 달 생활비보다도 비싸다는 걸 알고 새로운 방법을 활용했다. 바로 '인터넷 카페'였다.

1. 자격증 책을 사서 혼자 공부한다.
2. 막히는 부분이 있으면 자격증 관련 카페에 가입한다. 카페는 가입 회원수와 전체 글, 새 글이 많이 올라오는 곳. 즉, 활동하는 회원이 많은 카페에 가입한다.
3. [Q&A 질의·응답] 코너에 질문을 올린다. 그러면 곧 구세주들의 답글이 짜르륵 올라온다.

위의 방법이 아니더라도 방법은 많다. 사교육 없이도 공부 잘하는 학생 혹은 학생의 학부모를 벤치마킹할 수도 있다. 그들의 노하우를 어떻게 배울 수 있느냐고? 간단하다. 도서대출증을 가지고 도서관의 교육학 코너에 가면 수백 개의 노하우가 우리를 기다리고 있다.

하지만 사교육의 목적이 꼭 교육만은 아니다. 가령 아이의 하교 시간이 3시, 엄마의 퇴근 시간이 6시라면 3시간의 공백이 있다. 자유로운 영혼을 가진 아이가 집에 붙어 있을 리가 없을터! 그렇다고 아이가 막 돌아다니기에는 세상은 그리 안전하지 않다.

하지만 아이가 학원에 있으면 엄마는 안심하고 일을 할 수 있다. 이렇듯 사교육이 공부 시키는 목적뿐만 아니라 아이를 지키는 안심 장치가 될 수 있다. 그외의 개인적인 사정 등으로 사교육을 시켜야 한다면? 아이가 원하는 공부를 시키자!

어릴 적 내 꿈은 소림사에 들어가는 것이었다. 소림사에서 무술을 배우면 장풍을 쏠 수 있을 거라고 믿었다. 무협 비디오를 빌려와 하루에 13번을 돌려보기도 했었다. 하지만 장풍이 뻥임을 알게 되었고 다른 꿈을 꾸게 되었다. 바로 부자가 되는 것!

중국인에게 팬티 한 장씩만 팔아도 부자가 될 수 있겠다는 생각으로 중국어학원에 등록했다. 열의가 있으니 중국어 실력은 그야말로 일취월장했다. 선생님께 이런 칭찬도 들었다.

"지금 와서 얘기지만 처음에 조선족인 줄 알았어. 발음이 너무 좋아서."

그러고 보면 비디오를 보며 혼자 중국어를 따라 하던 게 헛된 노력은 아니었나 보다.

하지만 부모의 욕심에 아이가 원하지 않는 공부를 시키지는 말자. 영양 만점의 온갖 산해진미로 상다리가 부러지도록 밥상을 차려놓는다고 해도 아이가 안 먹으면 말짱 도루묵이다. 그렇다고 아이 입에 억지로 밥숟가락 넣다가는 체하기 십상이다. 그나마 음식은 아이가 안 먹으면 다른 사람이 먹을 수라도 있지만, 사교육비는 답이 없다.

그림 그리기를 좋아하는 아이가 있었다. 아이는 미술 학원에 가고 싶었지만 피아노를 잘 치기 바랬던 아이의 엄마는 피아노 학원에 등록시켰다. 선생님은 아직 어려서 도에서 솔까지 닿지 않는 아이의 손가락을 억지로 찢으며 피아노를 가르쳤다. 아이는 피아노 학원에 다니면서 피아노가 더 싫어졌다. 결국 몇 달 만에 학원을 그만두었지만, 성인이 되어서도 피아노를 생각하면 여전히 속이 거북하다.

이렇듯 아이가 원하지 않는 사교육에 들인 돈은 그대로 날리는 수밖에 없다. 사교육비도 쓰기 나름이다. 사교육비가 노후준비자금을 저당 잡힐 정도로 태산이 될지 아니면 아이 교육과 노후준비, 두 마리 토끼를 잡을 수 있는 동산이 될지는 우리의 선택에 달렸다.

06. 의료비

의료비는 약품 구매 및 병원 진료에 들어가는 비용이다. 제약회사에 영업직으로 근무할 때 만난 교수님의 이야기다. 교수님은 종합 병원에서 간질환 환자를 진료하셨다.

교수님　날씨가 제법 추워졌는데 수목원에 아직 꽃이 피어있을까요?
나　갑자기 수목원의 꽃은 왜 궁금하신가요?
교수님　환자분들께서 수목원의 아름다운 풍경을 보면 마음이 조금 낫지 않을까 해서요.

모든 병이 그렇겠지만, 간이 안 좋은 환자분들에게도 스트레스가 병에 안 좋은 영향을 끼치니 교수님께서 그런 생각을 하신 게 아닐까 조심스럽게 추측해본다.

교수님의 말씀을 듣고 그 주말에 수목원에 다녀왔다. 갑자기 날씨가 쌀쌀해져서인지 꽃은 지고 없었다. 교수님께 "꽃도 물론이거니와 나무들도 잎이 다 떨어지고 앙상하더군요. 그 모습은 저뿐만 아니라 환자분들이 보시기에도 쓸쓸해 보일 것 같습니다" 하고 전했다.

꽃이 지지 않았다면 더 좋았을 테지만 환자의 마음까지도 헤아리시던 의사 선생님은 내 기억 속에 한 송이 꽃과 같은 사람으로 남아있다. 세상에는 이렇게 존경할 수 있는 의사 선생님이 많다. 하지만 그렇지 않은 의사도 많다.

수상한 병원비

독감 주사를 맞기 위해서 온 가족이 병원에 갔었다. 새로 지은 곳이라서 그런지 깨끗했고 아이들이 입원할 수 있는 병동까지 갖춰져 있었다. 독감 주사를 맞기 전에 진료를 먼저 받아야 한다고 하기에 대기실에서 기다리다가 진료실에 들어갔다.

의사 엄마, 아빠는 별다른 이상이 없네요. 독감 주사 맞으면 됩니다. 그런데 아이는 문제가 좀 있네요. 아이가 밤에 자면서 뒤척이지 않나요?

나 네, 그런데 아이뿐만 아니라 남편도 그렇고 저도 몸부림이 심한 편인데요.

의사 (헛기침하며) 흠흠, 아이의 심장박동에 약간의 문제가 있습니다. 기관지에도 문제가 있어서 호흡하기가 힘들어요. 약을 처방해 드릴게요.

나 열도 없고 방금까지 잘 놀던 아이인데 호흡이 힘들다고요? 병명이 뭔가요?

의사 말해줘도 모를 겁니다. 일단 약을 처방해 줄테니 약 먹이고 다시 병원에 오기만 하면 됩니다. 병원은 매일 올 수 있나요?

나 아니요. 집이 멀어서 매일은 못 옵니다.

의사 그럼 3일마다 한 번씩 오세요. 2주 정도 다니면 더는 약을 안 먹어도 될 수도 있고 아닐 수도 있어요.

나 아이가 아프면 오늘 독감 주사는 못 맞겠군요?

의사 아니요. 밖에서 호흡기 치료한 다음 바로 독감 주사 맞으면 됩니다. 나가보세요.

호흡기 치료 후 독감 주사를 맞고 결제를 하는데 보험공단에서 지원해 주는 금액을 포함하면 아이의 진료비가 호흡기 치료까지 해서 병원에서 받는 돈이 총 3만원이 넘었다. 독감 주사비를 제외하고 순수 진료비만 말이다.

호흡기 치료라는 것도 거창한 게 아니었다. 간호사가 호흡기 치료기에 약물을 넣고 마스크를 건네주면 내가 아이 코에 대고만 있으면 끝이었다. 의사가 준 처방전을 보고서 약국에서 약을 타지 않았다. 패치까지 포함해서 7가지가 넘는 약들, 패치를 제외하고는 전부 같은 제약회사의 약이었다.

약국에서 집에 둘 상비약을 사면서 혹시나 싶어서 병원에서 받은 처방전을 보여주며 이 약물이 어떤 증상에 처방하는 약들인지 물어보았다. 약사는 처방전을 보면서 호흡기에 쓰는 약으로 기침을 동반한 심한 감기에 걸린 아이들이 먹는 약이라고 했다.

기침을 전혀 하지 않는 아이에게 심장박동수가 빠르다는 이유만으로

7가지가 넘는 감기약을 처방하는 게 과연 상식적인 일일까? 감기라면 독감 주사를 맞히는 게 앞뒤가 맞는 말일까? 의문점이 많이 남는다.

사랑니를 뽑으려고 가까운 치과를 찾았다. 사랑니를 뽑은 후 코디네이터와 면담이 이루어졌다.

"사랑니 발치는 잘되었어요. 그런데 앞니 색이 미관상 좋지 않아 보이는데 그 부분만 긁어내고 치아색으로 래미네이트하면 훨씬 예쁘겠어요. 가격은 저렴하게 200만원까지 해드릴 수 있어요. 그리고 의사 선생님께서 치료해야 할 다른 치아가 세 개 더 있다고 하는데, 래미네이트하면 나머지는 서비스로 해드릴게요."

그 설명을 듣는 사이 진통제 먹을 시간을 놓치면서 마취가 풀리고 살 떨리는 통증이 찾아왔다. 너무 아프니 일단은 다음에 얘기하자고 말을 끊고 집에 와서 진통제를 먹은 다음에야 통증이 한결 덜해졌다.

며칠 후 치료해야 할 치아가 있다는 병원 코디네이터의 말이 신경이 쓰여서 친구가 추천한 다른 치과에 갔다. 그 치과의사가 말했다.

의사 치료할 치아가 없네요. 그냥 가시면 됩니다.
나 네? 없다고요? 근데 혹시 앞니 래미네이트를 해야 할까요?
의사 왜 멀쩡한 생니를 래미네이트를 하시려고요? 안 해도 됩니다.

난 그 이후로 치과에 갈 일이 생기면 여기만 찾는다. 보통 치과의 치료비는 무시하지 못할 정도다. 그래서 많은 사람이 통증이 무서워서 치과에 못 가는 게 아니라 돈이 무서워서 치과에 못 간다고 한다. 하지만 난 이 치과에 몇 년째 다니면서 치료비가 만원을 넘은 적이 없다.

진단에 의심이 간다면 다른 병원에 가는 것도 방법이다.

의료서비스를 적정량 이상으로 제공하고 치료하는 것을 '과잉 진료'라고 한다. 하지만 조금만 아파도 바로 병원으로 달려가는 우리 스스로가 오히려 병을 키우는 건 아닐까 생각해본다. 난 의료비 지출이 많아질수록 가족들의 생활을 되짚어본다. 대체로 아이와 함께 산책 다니는 빈도수가 줄고 운동량이 줄수록 의료비 지출이 늘어났다. 아니면 장 보는 횟수가 줄거나 요리하는 빈도수가 적을 때 가족들이 자주 아팠다. 병원에 가서 약을 받아서 먹는 게 아니라 평소에 잘 먹고 운동해서 면역력을 키워야 한다. 모든 병은 예방이 최고다.

의사에게 병에 관한 것만 듣기에도 시간이 쫓길 때가 많은데 약에 관해서 물어보는 건 쉽지 않은 일이다. 약에 관한 건 약사에게 물어보자. 약사는 약에 관해서 전문가다. 의사와 약사 중에는 아픈 사람을 고쳐주기 위해서 그 직업을 택한 사람이 많다. 약에 관한 질문을 하면 10명 중 8명은 자세히 가르쳐 줄 것이다. 아이가 있어서 약국에 직접 가기 힘들 때는 약국에 전화해서 물어보면 잘 가르쳐준다. 그리고 참고로 요즘은 약 이름을 검색하면 성분, 효능효과, 제조업체, 사용상 주의사항까지 알 수 있다. 이렇듯 약을 받으면 무작정 먹기보다는 포털사이트에 약의 이름을 검색해보자.

그런데 꼭 약을 먹는 게 답이 아닐 수도 있다. 약통 안에 든 설명서만 읽어봐도 알 수 있다. 약의 효능, 효과보다 사용상 주의사항이 훨씬 많다. 많은 약이 효과는 하나인데 반해 이상 반응은 10개가 넘는 경우가 한둘이 아니다. 남편의 경우 진통제 성분이 든 약을 먹으면 눈이 붓는다. 특히 감기의 경우 '약을 먹으면 7일, 안 먹으면 일주일'이라는 말처럼 진통제를 먹고 통증은 줄지 모르나 결코 근본적인 해결책은 아닐 수 있다.

07. 문화비

문화비에는 잡지, 서적 등 구매비, 요리 · 꽃꽂이 등 학원 수강료, 문화센터 수강료, 레저·여행 등 기타 문화생활비 일체가 포함된다.

도서관에서 책을 읽어보고 구매한다

나의 경우 책 사는 돈은 아끼지 않는다. 하지만 원칙이 있다. 먼저 도서관에서 책을 빌려서 읽어본 다음 옆에 두고 계속 볼만한 가치가 있는 책일 때만 구매를 한다.

좋은 책들의 가치는 돈으로 환산이 안 된다. 100년이 넘도록 세계인이 읽어온 명작만 봐도 그렇다. 그런 책들은 100년이란 시간보다 더 가치가 있다. 그뿐만이 아니다. 외국에서 외국인을 만나면 정확한 의사소통을 하기도 쉽지 않은데 그들의 지식, 생각을 한국어로 읽을 수 있다는 건 어찌 보면 기적이 아닌가. 시간과 공간을 넘어서 전설이 된 위인, 인생 멘토들과 소통하는 즐거움은 일종의 카타르시스를 느끼게 한다.

이렇게 수십 권의 책을 읽는다면 우리 수명이 100세라고 해도 삶의 깊이는 수십 번의 인생을 산 것과 같다. 이렇듯 책은 돈보다 가치 있는 소비다. 그래서 나는 아이를 낳기 전 지난 10년간 매일 최소 1권 이상의 책을 읽었다. 어림잡아도 3000권 이상의 책을 본 셈이다. 경제, 역사, 시, 자기계발, 여행 그리고 예술 분야까지 분야를 가리지 않고 닥치는 대로 읽었을 정도로 책을 좋아한다. 하지만 책도 엄연히 개인의 취향이다. 책을 좋아하지 않는 사람이라면 책을 구매하는 것 또한 낭비일 수 있다.

네일아트에 돈 쓸래? 아니면 돈 벌래?

네일아트 가게에 가본 적이 없어서 가격이 얼마인지 몰랐다가 결혼할 때 네일아트를 받으라는 결혼업체의 말을 듣고 처음으로 네일아트 가게를 다녀보았다. 난 네일아트가 그렇게 인기가 많은지 그때 처음 알았다. 시내 이곳저곳을 다녀봤는데 빈자리가 하나도 없었다. 그날 네일아트 가게에서 들은 말은 하나같이 "죄송해요. 다음에 예약하고 오세요"였다. 외딴곳에 있는 네일아트 가게에 전화를 해서 결혼식 전날 겨우 예약을 잡았다.

네일아트 가게에 가니까 신혼여행 가서도 안 지워지려면 젤 네일로 해야 한대서 손가락과 발가락을 하는데 13만원이 들었다. 세 달에 한 번씩 받는다고 가정하면 1년이면 52만원이다. 주마다 네일아트 가게에 가는 경우로 계산하면 624만원, 손가락만 받는다고 쳐도 300만원이 넘는다. 하지만 네일아트를 단순히 받기 위해서가 아니라 창업을 위해서 배우는 데 돈을 쓴다면 그건 소비가 아니라 미래를 위한 투자다.

이전에 게스트 하우스에서 만난 언니가 기억이 난다. 언니는 몇 년째 주마다 지방에서 서울에 올라와서 테디베어 만드는 걸 배우고 있다고 했다. 배우는 비용이 생각보다 상당했다. 테디베어 산업이 한국에는 그렇게 크지 않아서 한국에서는 책자도 아직 구하기가 쉽지 않았기 때문이었다. 일본에서 구해온 책들을 보여주는데 곰돌이 안쪽을 먼저 바느질한 다음 뒤집으면 우리가 아는 곰 인형의 모습이 나오는 게 신기했다.

이렇게 많은 시간과 비용을 들이는 이유가 있는지 물어봤다. 서울에는 배우는 곳이 몇 군데 있지만, 지방에는 아직 많지 않다고 했다. 몇 년째 테디베어 만드는 것을 배운 결과, 다음 주부터 문화센터에 강사로 나가게 되었다고 했다. 취미생활이 소비가 아닌 투자가 된 사례이다.

08. 교통비

교통비에는 교통비, 자동차 관련 비용이 포함된다.

자동차, 아는 게 힘이다

처음 차를 구매하게 된 것은 금융권에서 근무할 때 밤늦게 끝나는 일이 잦았기 때문이다. 퇴근하는 시간에 버스는 물론이거니와 택시 잡기도 힘들었다. 결국, 울며 겨자 먹기로 차를 구매했다.

아직도 처음 차를 사고 나서 느낀 감정이 잊히지 않는다. 베란다에서 주차된 차를 바라보며 좋기보다는 한쪽 가슴이 답답했다. 어쩔 수 없이 차는 샀는데 혹시나 회사를 그만두면 저 차는 어떻게 굴리고 유지해나갈지 걱정이었다.

운전도 잘 못하던 내가 자동차에 관한 정보를 알 턱이 없었다. 차에서 평소와 조금만 다른 소리가 나면 신변의 위협을 느끼며 가장 가까운 카센터로 직행하였다. 지금 와서 얘기지만 카센터에 버린 돈이 얼마나 많은지 모른다.

젊은 여자가 파랗게 얼굴이 질려서 어디에서 소리가 나는지 모르겠다고 하니 바가지 씌우기 딱 좋은 대상으로 보였을 것이다. 카센터에서 수리를 받고 나와도 같은 소리는 지속해서 발생했다. 나중에는 인터넷으로 소리가 나는 부위를 검색해보고 문제가 무엇인지 파악한 후에 카센터에서 어떤 조치를 해달라고 요청을 했다. 그러니 아무것도 모르고 카센터에 갔을 때보다는 수리 후 같은 문제가 발생하는 경우가 약간은 줄어들었다. 하지만 카센터에서 "이 조치만 해서는 안 된다. 이것도 하고 저것도 해야지 안 그러면 위험하다"고 말하면 결국 그 사람 말대로 "네, 다 해주세요."

라고 말하기 일쑤였다.

한 번은 엔진오일을 교체하려고 평소 단골로 이용하던 카센터에 갔다. 이전에 다른 카센터에서 전부 다 교체해야 한다고 말했을 때 이 카센터 사장님은 이 정도면 문제없다고 그냥 가라고 했던 일을 계기로 믿음이 가서 자주 이용하게 된 곳이었다. 그런데 그날은 사장님은 없고 새로 들어온 부장이라며 자신을 소개하는 사람만 있었다. 그리고 자신이 엔진오일을 갈아주겠다고 했다.

옆에서 과정을 지켜보려던 나에게 불편하니 안에서 대기하라라며 대기실로 안내했다. 그리고 차를 빼서는 내가 안 보이는 위치로 옮기는 게 아닌가. 나는 급히 뛰어나가서 왜 이리로 차를 옮겼냐고 물으니까 보닛을 열고 여기저기 먼지가 많아서 물로 좀 씻어주려고 한다고 했다. 그리고 수도꼭지에 연결된 호수를 이리저리 흔들고 어딘가에 꽂고는 여기 보라면서 이게 다 때라면서 날 안심시키고는 시간이 걸리니 들어가서 기다리라고 했다. 얼마나 더 기다려야 하느냐고 물으니 적어도 20분은 기다려야 한다기에 대기실로 돌아왔다.

한 5분쯤 지났나. 부장이라는 사람이 오더니 다 됐으니 계산하고 가라고 했다. 20분 걸린다더니 왜 5분밖에 안 걸렸냐고 물으니 이만하면 됐다고 하면서 말을 끊었다. 일단은 찜찜하지만, 집으로 돌아왔다.

그런데 다음 날 운전을 하는데 차가 심하게 떨면서 요란한 소리를 냈다. 어제 갔던 카센터로 갔더니 이건 어디에 문제가 있어서 그러니까

30만원 정도 든다고 하기에 울며 겨자 먹기 식으로 고치고 왔다. 아무리 생각해도 꺼림칙했다.

평소 나는 전자제품 하나를 사도 사용설명서를 꼼꼼하게 읽어본다. 그런데 웃긴 게 자동차는 그렇지가 않았다. 모르니까 당한다는 생각에 자동차 정비 자격증 책을 사서 필기만 공부해볼까도 생각해봤는데 자동차 정비일을 할 것도 아니고 비효율적이라서 접었다.

대신 도서관에서 대여해 자동차 관련 서적을 읽었다. 자동차는 생각보다는 복잡하지 않았다. 차에 관한 책은 1시간이면 다 읽을 수 있을 정도로 다른 책보다 페이지 수도 적었다. 책을 덮고 나니 그간 내가 얼마나 무식했는지도 알았고 왜 이제야 자동차 책을 찾아본 걸까 후회도 됐다.

이후 차에서 소리가 나도 무섭지가 않다. 어디가 문제인지 감이 오니까 카센터에 가서도 당하지 않는다. 1시간만 투자해서 자동차 책 보기를 권한다. 1시간으로 카센터에서 쓸 수십, 수백 만원을 아낄 수 있다.

자동차 소모품 교체 주기

차는 산 다음 날 팔아도 차량 가격이 내려간다. 말 그대로 사는 날부터 돈을 까먹고 들어가는 거다. 차를 굴리면 굴리는 대로 자동차 엔진 오일, 변속기 오일, 브레이크 오일, 냉각수 등을 주기적으로 교환하는데 수십만원이 지출된다. 타이밍 벨트부터 브레이크 패드, 와이퍼, 에어컨 필터 등 자동차 부품도 몇만 킬로미터마다 주기적으로 교체해주어야 하는데 그 비용도 절대 적지 않다. 자동차 바퀴는 교체하는데 수십 만원이 든다. 그뿐이 아니다. 차를 굴릴 때는 유류비가 들어가니 자동차는 돈 들어가는 하마가 분명하다.

만약 어쩔 수 없이 차를 써야 한다면 차에 들어가는 비용을 줄여야 한다. 차계부를 쓰면서 오일 등을 교체주기마다 교환해서 더 큰돈이 들어가는 경우가 없도록 해야 한다. 이때 차계부는 되도록 차에 보관하는 것이 편의상 좋다.

자동차 소모품은 교체 방법에 따라 비용 차이가 있다. 예로 배터리만 봐도 그렇다. 배터리 갈 때 저렴한 순서대로 말하면 이렇다. 배터리만 구매해서 직접 갈면 배터리 금액만 든다. 자가 교체가 어려운 건 아니다.

자가 교체가 자신이 없다면 배터리 전문점에서 교체하는 방법이다. 포털 사이트에 배터리 전문점이라고 검색하면 많이 나올 것이다. 전화해서 가격 비교 후 방문하면 된다. 배터리도 브랜드와 리터에 따라 가격이 다르니 교체할 배터리의 브랜드와 리터를 정확히 물어야 비교가 쉽다. 그리고 보통 배터리 전문점은 출장이 많아서 전화를 안 하고 가면 한참 기다릴 수 있으니 미리 전화하는 게 좋다.

다음으로 저렴한 방법이 배터리 전문점에 출장을 부르는 것이다. 그러면 출장비가 1~2만원 더 추가된다. 다음으로 저렴한 방법이 정비업체나 공업사에서 교체하는 거다. 그다음 방법이 공식 서비스센터에서 교체하는 것이고, 마지막 방법이 보험사를 불러서 교체하는 거다. 나중에 큰돈

안 들이려면 자동차 소모품은 미리 저렴한 방법으로 교체해 주는 게 좋다.

자동차 소모품은 운전자 스타일에 따라서도 조금씩 달라지는데, 평소 혹한 조건에서 주행한다면 주기를 조정해서 교체하면 된다. 그리고 차종에 따라서도 다를 수 있으니 제조사에서 권장하는 차량 안내서를 먼저 읽어보자.

연비를 줄이는 방법

1. 급출발, 급가속, 급제동은 연료 소모가 30% 이상 높아진다. 그러니 평소 급제동, 급정거를 최소화하는 습관을 길러서 연비를 절감해야 한다.

2. 주유는 이른 아침에 하는 게 좋다.

새벽에 주유하면 기름값을 아낄 수 있다. 온도에 따른 휘발유의 부피 변화 때문인데 섭씨 1도가 내려가면 부피가 0.11% 감소한다. 만약 L당 2000원의 휘발유를 20L 주유한다고 가정하면, 오후 영상 35도일 때보다 오전에 영하 5도일 때 주유하면 1,750원이 저렴하다.

3. 차량을 가볍게 한다.

중량이 늘어나면 그만큼 연료 소비율이 증가한다. 불필요한 짐들은 내려놓자. 연료탱크를 가득 채우지 않는 것도 이런 이유에서 연비 절약에 도움이 된다. 특히 요즘 유모차를 대여해주는 곳이 많으니 미리 갈 곳에 전화해 보고, 대여해 준다면 집에 유모차를 두고 가자.

이외에도 자동차 타이어 공기압 확인하기, 경제속도 준수 등 다양한 방법이 있다. 하지만 가장 좋은 방법은 바로 대중교통을 이용하는 것이다. 그러면 연료비도 절약되고 건강에도 도움이 되니 대중교통을 생활화하자.

처음 차를 구매할 때 바퀴 4개에 굴러가기만 하면 된다는 아버지 말씀이 생각난다. 차를 살 때는 남들에게 보이는 것을 우선으로 하기보다는 가계에 부담이 가지 않는 선에서 자동차를 선택해야 한다. 참고로 나는 대구 유명 호텔 회장님과 같은 차종이다. 내 차는 소형차인 기아 프라이드다.

09. 특별비

특별비는 주택 및 내구소비재 구매, 결혼·장례비용 등 연속적으로 반복하여 지출되는 종류의 경비로 처리하기에는 부적당한 지출을 말한다.

만약 세탁기 구매비와 공기 청정기 구매비를 특별비로 분류하지 않고 주거비로 분류한다면 평소에 특별한 소비가 없을 때의 주거비를 파악하기 힘들다. 다른 예로 아기 돌잔치 비용에 150만원이 들어갔는데 특별비로 적지 않고 육아비로 적으면 육아비의 평균 금액이 10만원 이상 올라간다. 그러면 아이가 만 2세가 되었을 때의 육아비 평균과 비교하기가 어려워진다. 그래서 아기 돌잔치 비용, 휴대전화 단말기 구매비, 가전제품 구매비 등 비반복적으로 발생하는 소비는 특별비로 따로 기재하여야 한다. 그래야 항목 비교 시 평균의 오류를 범할 일이 없다.

10. 가족 구성원 모두에게 필요한 용돈 통장

저금 후 남은 월급에서 남편 용돈 통장에 15만원, 내 용돈 통장에 10만원을 이체한다. 이 용돈으로 군것질을 하든지, 적금을 하든지 자기 마음대로 쓸 수 있다. 만일 용돈 통장 없이 생활비로 용돈을 써야 한다면 일단 가계부 쓰기부터도 번거로워진다. 붕어빵 하나를 사 먹는 것도 일일이 가계부에 다 적어야 한다. 그뿐인가. 월말이면 배우자에게 붕어빵 하나 사 먹었다고 보고해야 한다.

그리고 용돈통장을 만들어야 하는 또 다른 이유는 생활비 체크카드가 하나이기 때문이다. 만약 장을 보거나 생활비에서 써야 할 물건을 구매할 때 한 사람이 체크카드를 가지고 있다면 다른 한 사람은 체크카드를 갖고 있지 않다. 그러면 용돈 통장에 연계된 체크카드로 결제를 먼저 하고 나중에 그 금액만큼 생활비 통장에서 용돈 통장으로 이체한다. 그러면 가계부 쓰는 데도 문제가 없고 생활비 체크카드가 하나여도 상관없다.

남편의 숨구멍

냄비 뚜껑에 구멍이 없으면 물이 끓기 시작하는 동시에 뚜껑이 벗겨져 버리거나 혹은 물이 넘쳐서 불이 꺼져버린다. 재료가 푹 익기도 전에 뚜껑이 벗겨져 버리면 요리가 완성되기까지 더 오랜 시간이 걸린다.

하지만 냄비 뚜껑에 구멍이 있으면 수증기가 조금씩 밖으로 빠져나가면서 냄비가 시끄럽게 들썩이지도 벗겨지는 일도 없다. 또한 냄비뚜껑의 구멍 덕분에 냄비 안의 물은 100℃보다 더 뜨겁게 끓을 수 있고, 음식 재료들은 안까지 푹 익어서 요리를 더 맛있게 빨리 만들 수 있다.

용돈 통장은 냄비 뚜껑의 구멍과 같다. 용돈 통장이 있어야 남편의 뚜껑을 열일 일도 없고 재테크의 열정이 꺼져버리는 일도 없다. 그리고 재테크의 목표에 더 빨리 도달할 수 있다.

남편 입장에서 생각해보자. 한 달 동안 열심히 돈을 벌어도 내 마음대로 쓸 수 있는 돈이 하나도 없다면 어떨까? 가령 남편에게 친구와의 술자리는 스트레스를 푸는 장치다. 회사에서의 스트레스가 해소되지 않는다면 오히려 일을 할 때 능률이 떨어질 수도 있다. 그런데 친구들과 술 한 잔을 하더라도 술값을 가계부에 적어야 한다면? 이런 술값까지도 아내의 눈치를 봐야 할 것이다.

숨통 막히는 남편은 월급을 자신이 관리한다고 하든지 아니면 조만간 비자금 통장을 만들 것이다. 얼마가 될 지도 모를 비자금 통장이 생기는 것보다 예측 가능한 용돈 통장이 나은 건 두말하면 잔소리다.

아내의 생명줄

전업주부에게 용돈 통장이 왜 필요한지 의문을 가질 수도 있다. 한 번은 겨울에 입힐 아기 보온 내의를 사기 위해서 베이비페어에 참가했다. 겨울 내의는 직접 눈으로 봐야 옷 두께를 정확히 알 수 있어서 인터넷쇼핑보다는 베이비페어에 직접 참가해서 구매하는 편이다.

당시 베이비페어에 유아 학습지 관련 부스에서 설문지만 작성하면 작은 선물을 나눠주는 이벤트 중이었다. 작은 선물을 받기 위해서 아기는 잠시 남편에게 맡겨두고 설문지를 작성하고자 자리를 잡았다. 그런데 학습지 부스에 판촉하는 분이 설문지를 나눠주면서 나에게 말했다.

학습지 관계자　워킹맘이신가 봐요.
나　아니오. 전업주부인데요.
학습지 관계자　엄마가 예뻐서 직장에 다니는 분인지 알았어요. 호호.

자랑하고자 이 에피소드를 말하는 게 아니다. 어차피 내가 아닌 다른 누군가가 그 자리에 앉았어도 그 사람은 똑같은 멘트를 날렸을 것이다. 전업주부는 굳이 매일 화장하고 옷을 차려 입을 필요가 없다. 많은 전업주부가 자신을 꾸미지 않는 이유다.

금융권에 다닐 당시 전업주부인데도 항상 정갈한 옷차림에 곱게 화장을 하고 다니던 고객 한 분이 있었다. 그분이 하는 말씀이 결혼생활 30년이 넘도록 남편에게 한 번도 민낯을 보여준 적이 없다고 했다. 항상 남편보다 일찍 일어나서 씻고 화장부터 한다고 했다. 그 말을 듣고 그게 가능한 일인가 싶으면서도 한편으로는 전업주부이면서도 자기관리가 철저한 그분이 대단해 보였다.

엄마가 되면 아기 엄마라고 불리기 시작한다. 호칭만 바뀌는 게 아니다. 소비 패턴도 바뀐다. 내 것은 아끼면서 남편과 아이 것은 아끼지 않는다.

난 전업주부가 엄마라는 이유로 희생하며 살기를 원치 않는다. 이렇게 아이와 남편만 생각하고 살다 보면 어느 순간 본인의 인생은 완전히 없을 것이다.

전업주부는 엄마이기 이전에 여자다. 아이 엄마로 불리기를 자처하면서도 막상 애 엄마 안 같다는 말에 기분 좋아지는 것만 보더라도 알 수 있다. 나는 용돈을 조금씩 모아서 남편의 생일선물을 사기도 하고, 친정엄마와 같이 장을 볼 때 대신 결제를 해드리기도 한다.

하지만 보통 용돈은 나를 위해서만 쓴다. 꼭 필요한 물건은 아니지만 예쁜 치마를 사기도 하고, 하이힐을 사기도 한다. 사랑하는 나를 위한 일종의 선물인 셈이다. 나를 포기하며 가족들만을 위해서 살지 말자. 자신을 사랑하는 사람이 다른 누군가도 사랑할 수 있다. 그리고 내가 세상에 있기에 내 가족도 있을 수 있다. 이런 의미에서 용돈통장은 전업주부에게 무척 중요하다. 엄마와 아내가 아닌 나 자신으로 살 수 있는 생명줄이나 마찬가지기 때문이다.

아이가 태어난 후 아이의 이름으로 통장 2개를 개설했다. 하나는 주택청약저축통장이고 하나는 입출금통장이다. 입출금통장에는 어른들께서 아이에게 주시는 용돈을 저금하기도 하고, 아이가 처음 고개를 든 날, 뒤집은 날, 일어선 날 등 기념되는 날마다 만원씩 돈을 넣어주고 있다. 1년이 되면 입출금장에 모은 돈을 청약저축통장으로 이체하고 다시 입출금통장에 용돈을 넣어 준다. 그리고 아이가 돈에 대해서 알게 될 나이가 되면 아이에게 입출금통장을 주고 월별로 용돈을 줄 예정이다.

나는 경제적으로 부족함 없이 컸다. 초등학교 때부터 중학교 때까지 전자제품과 컴퓨터에 대해서 관심도 많았고, 컴퓨터 게임에 중독됐었다. 당시 내가 가지고 있던 디스크 게임과 CD가 족히 400장은 넘었다. 컴퓨터 게임을 해본 사람들은 알겠지만 단 1년만 지나더라도 최신 게임을 하기 위해서는 더 높은 사양의 컴퓨터가 필요하다. 그래서 부모님께 생떼를 써서 386컴퓨터, 486컴퓨터, 펜티엄, 펜티엄II 등 매년 컴퓨터를 갈아치웠었다. 중학교 때는 한 온라인 게임에 빠져서 부모님 몰래 4일 넘게 한숨도 안 자고 밤새 게임을 하다가 기절한 적도 있었다.

이랬던 내가 중학교 말이 되면서 모든 게임을 끊었다. 그때 이후로 컴퓨터도 바꾸지 않다가 언니가 대학 입학 축하 선물로 노트북을 사주면서 컴퓨터를 새로 교체한 것이 마지막이었다. 이렇게 게임을 끊을 수 있었던 계기가 바로 용돈을 받는 방식이 바뀌면서부터였다.

이전에는 하루에 1000원씩 용돈을 받아서 그 돈으로 군것질도 하고 오락실도 갔었다. 아침에 용돈을 받으면 집에 가기 전까지 다 써버렸다. 어차피 다음 날이면 또 돈을 받으니까 상관없었다.

그러다 중학교에서 고등학교로 올라가기 전 엄마가 5만원을 주시며 이제 하루 단위로 용돈을 주지 않고 한 달 단위로 용돈을 주시겠다고 하셨다. 대신 이 돈으로 네가 사고 싶은 걸 사야 한다고 말씀하셨다.

평소 1000원을 받았을 때는 한 달로 치면 3만원이었는데 이제 5만원이 됐으니 용돈이 많아졌다고 신이 났다. 하지만 용돈 받는 방식이 바뀌었다고 돈 쓰는 습관이 한 번에 고쳐지지는 않았다. 1주일이 뭐야, 용돈 받은 지 3일 만에 용돈을 다 써버렸다. 새로 나온 게임 CD 하나와 월간 게임 잡지를 하나 사니까 수중에 돈이 남아있지 않았다. 엄마에게 쪼르르 달려가서 용돈을 다 썼다고 더 달라고 했는데 엄마는 단호하셨다. 정말 다음 달 용돈 받는 날까지 10원도 더 안 주셨다.

학교 준비물을 산다고 거짓말을 하고 돈을 받아서 홀랑 다 써버렸는데 이틀 후에 진짜 그 준비물을 가져가야 하는 일이 생겼다. 일단은 친구 부모님께서 문구사를 운영하시던 터라 외상으로 준비물을 살 수 있었지만 이후 외상값이 더 큰 문제였다.

다시 거짓말을 해서 외상값을 갚을 수 있었겠지만, 학교에서 자꾸 다른 준비물을 준비해 오라고 해서 기존의 외상값을 갚을 수 있는 여건 자체가 되지 않았다. 결국, 엄마에게 이실직고했다. 회초리를 맞을까봐 말씀드리는 내내 눈물이 멈추질 않았다. 하지만 엄마는 "솔직히 말했으니 이번만은 용서해 줄게. 대신 다시는 그러지 마라"라고 말씀하시며 외상값을 주셨다. 그 이상의 말씀도 체벌도 없었다.

만약 엄마에게 매를 맞았더라면 난 사춘기 소녀의 반발심에 똑같은 행동을 반복했을지도 모른다. 하지만 그냥 믿어주시는 엄마를 실망시켜 드리고 싶지 않았다. 그리고 앞으로는 외상도, 거짓말도 하지 않겠다고 결심했다.

다음 달 용돈 받는 날이 되었다. 이전 같았으면 제일 먼저 게임 CD를 샀겠지만, 이번에는 달랐다. 통장 모양으로 된 용돈기입장을 샀다. 그날 쓴 돈과 잔액을 확인하며 한 달에 맞춰서 용돈을 쓰려고 노력했다.

5만원으로 한 달을 살아보니 계획적으로 돈 쓰는 것이 힘들다는 걸 느꼈다. 그리고 돈의 가치 또한 몸소 느끼게 되었다. 이전에 샀었던 게임 CD와 컴퓨터가 얼마나 많은 돈인지 실감이 났다. 이후 한 달 용돈인 5만원 중 만원만 쓰고 4만원을 모았더니 1년 동안 48만원이라는 큰돈을 모았다. 한 달 용돈의 10배에 가까운 돈이었다. 이렇게 용돈을 관리하며 힘들게 아낀 돈으로 겨우 게임 CD를 살 수는 없었다.

이렇게 돈을 아끼다 보니 고등학교 2학년 때는 한 달에 요구르트 3개, 월 지출 금액이 300원에 불과했다. 5만원의 용돈 중 300원을 제외하고 남은 돈은 나중에 큰돈을 써야 할 때, 꼭 필요한 순간에 쓰자고 모아두었다.

당시 여고에서 군것질을 안 하고 산다는 건 가히 충격적인 일이었기에

짠순이라고 전교에 소문이 자자했다. 고등학교 3학년 때 새로 반 배정이 된 후, 짝꿍이 된 친구가 내 이름을 듣고 "네가 한 달에 300원 쓴다는 그 윤성애? 하하하" 할 정도로 말할 정도였으니 말이다.

그때의 돈 관리 습관이 지금까지 이어져 오고 있다. 달라진 게 한 가지 있다면 용돈 기입장이 아니라 가계부를 쓴다는 것 정도다. 아이에게 돈의 가치를 가르쳐 주기 위한 최고의 방법은 '월별로 용돈을 주는 것'이라고 자신 있게 말할 수 있다.

3. 소비 습관은 유전된다

아이를 키우면서 놀랄 때가 많다. 물티슈로 주변을 닦고 있으면 어느새 아이도 물티슈를 가지고 와서 나와 똑같은 행동을 하고 있다. 남편이 외출 후에 화장실에서 옷을 털면 아이도 남편을 따라서 똑같이 옷을 털고 있다.

한 번은 돌도 안된 아이가 자꾸 내 얼굴을 손바닥으로 때리는 게 아닌가. TV를 보여준 적도 없고 어디서 때리는 걸 본 적이 없을 텐데 어디서 이런 걸 배운 건가 싶었다. 혹시 아이의 성향 자체가 과격한 건 아닐까 걱정도 되었다. 그런데 얼마 되지 않아 생활 속에서 답을 찾았다.

내가 아이에게 앵무새 책을 보여줄 때마다 손으로 앵무새를 툭툭 치면서 "우리는 앵무 앵무 앵무새♬"라고 말하곤 했었는데 아이는 그 행동을 따라 한 것이다. 문제를 직시하고 나서 책을 볼 때 "엄마가 앵무새를 때렸었네. 미안해. 이제는 앵무새 쓰다듬어 줄게요"라고 말하며 책 속의 앵무새를 쓰다듬어 주었다. 이후 아이는 더는 내 얼굴을 때리지 않았고 내가 누워있을 때 손바닥으로 얼굴을 쓰다듬어 주었다.

시내 옷가게에서 옷을 고르고 있을 때였다. 대학생으로 보이는 두 사람이 내 옆에서 대화를 나누고 있었다.

허세남 평소 비싼 바지인데 10만원대에 나왔네. 야, 돈 좀 빌려줘.
실속남 너 지난번에 빌려 간 돈도 안 갚았잖아. 그리고 돈은 정말 필요할 때만 빌리는 거야. 가령 차비가 없다든지 아니면 배가 고파서 아사 직전일 때와 같은 경우 말이지.
허세남 안 빌려줄 거면 됐어. 그리고 난 원래 친구들한테 돈 빌려서 쓴 다음 용돈 받는 날 친구들한테 다시 다 갚아.
실속남 그러면 빚으로 사는 셈이잖아.
허세남 어릴 때부터 우리 엄마가 돈 없으면 주변에서 빌려서 쓰면 된다고 하셨어.

허세남은 친구들에게 빚까지 내가면서 물질적인 욕구를 채워야 했을까?

부모는 자식의 거울이다. 평소에 부모가 물질적인 소비에서 즐거움을 찾는다면 아이 또한 마찬가지일 것이다. 부모가 남의 돈을 빌려서 생활한다면 자식도 같은 생활방식으로 살 가능성이 크다. 그리고 돈 빌리는 습관을 계속 유지하는 한 통장 잔액이 플러스가 되는 날은 쉽게 찾아오지 않는다.

반면 적은 돈이라도 낭비하지 않고 저금하는 습관을 보여준다면 아이도 부모의 생활방식과 비슷하게 살아갈 가능성이 크다. 이런 소비 습관은 부모가 세상을 떠난 후에도 유지될 것이며 아이의 소비 습관은 다시 대를 넘어서 유전될 것이다.

그러나 한 치 앞도 모르는 게 인생이다. 돈은 있다가도 없을 수 있고 없다가도 생길 수 있다. 그러니 아이가 사는 동안 돈을 잃을 수도 있는 문제다. 화재를 당할 수도 있고 사기를 당할지도 모른다. 아니면 사업을 하다가 잘 안되는 경우도 있다. 하지만 절약하는 습관이 몸에 배어있다면 아이는 충분히 다시 일어설 수 있을 것이다. '고기를 잡아주지 말고, 잡는 방법을 알려줘라'는 말처럼 재테크와 소비에 대한 습관을 가르친다면 부는 계속 이어질 수 있다.

Chapter 2

모으기
— 종잣돈 모으는 방법을 바꿔라

1. 정기적금 통장

비과세 혜택을 받고 가입하자

가계부를 쓰면 한 달에 가계 항목별로 지출이 얼마나 되는지 알 수 있다. 첫 달 가계부를 바탕으로 고정지출 금액과 유동지출 금액을 제외하고 매달 저금할 수 있는 금액을 계산해보자. 월급이 사람마다 다르므로 저금할 수 있는 금액도 다르다. 어떤 사람은 급여의 50%가 될 수도 있고, 또 다른 사람은 급여의 30%가 될 수도 있다.

만약 가족 중 누군가 감기라도 걸리면 병원에 한 번 갈 때마다 병원비와 약값이 만원 정도 들어간다. 가족이 3명이라면 3만원은 들어간다는 소리다. 이렇게 생각지도 못한 지출이 발생할 수도 있으므로 여유가 있을 정도의 금액을 제외하고 저금할 금액을 설정하자.

나의 경우 월평균 생활비의 10%를 여유 자금으로 남긴다. 예를 들어 생활비가 100만원이라면 10만원의 여유 자금을 남겨서 110만원으로 생활하는 것이다. 하지만 '여유'라는 개념이 월급 혹은 사람의 성향에 따라 다르므로 자신에게 맞는 비율을 생각해보고 결정하도록 하자.

이제 적금 통장을 만들 차례다. 일반 은행에서 예금 또는 적금에 가입하게 되면 이자에서 15.4%의 세금을 제하고 나머지 이자를 받게 된다. 계산해보면 알겠지만, 이율이 같더라도 세금이 몇 프로냐에 따라서 실수령 금액은 상당히 차이가 난다.

반면 지역 농협뿐만 아니라 수협, 신협, 산림조합, 새마을금고에 가입하면 인당 3000만원까지 비과세 혜택을 받을 수 있다. 비과세 한도 3000만원은 각각의 조합마다 가입할 수 있는 한도가 아니라 지역 농협, 수협, 신협, 산림조합, 새마을금고 전체에서 받을 수 있는 한도이므로 가입 시 유의하자.

비과세로 가입하게 되면 나중에 받는 이자 금액에서 농특세 1.4%만 제외하고 수령하게 된다. 만약 농지원부가 있어 통장 개설 시 농지원부를 제출하면 1.4%의 농특세 또한 면제받을 수 있어서 이자를 100% 받을 수 있다.

그러나 가입할 때 주의해야 할 사항이 있다. 일반 은행과는 달리 정부에서 예금자 보호법의 적용을 받는 게 아니다. 농·수협 지역 조합 등은 각

중앙회가 자체적으로 조성한 예금자보호기금을 통해서 원금과 소정의 이자를 합하여 5000만원 한도까지 보호해주고 있다.

그래서 5000만원이 통합해서 예금자 보호가 되는 게 아니라 각 지역농협마다 5000만원씩 예금자 보호가 된다. 가령 대전지역농협, 부산지역농협이 있다면 각각 자산을 달리 운용하는 독립 법인이므로 예금자 보호 금액도 대전지역농협이 5000만원, 부산지역농협이 5000만원 각각 산정된다. 즉, 대전지역농협에 5000만원, 부산지역농협에 5000만원을 넣어 놓았다면 지역이 다르므로 총 1억원까지 보장이 가능하다는 뜻이다.

만약 이들 중에서 문을 닫는 곳이 생긴다면 나중에 5000만원 안으로는 돈을 돌려받을 수 있겠지만 그 기간 받을 스트레스와 시간 비용이 적지 않으니 처음부터 자산이 많고 안전한 곳에 돈을 맡기는 게 좋다. 참고로 돈을 맡기더라도 원금과 이자를 합해서 5000만원까지 보호되므로 이자를 고려하여 원금은 4800만원 정도로만 예금하자.

그리고 조합의 출자금은 1000만원까지 100% 비과세 되지만, 출자금은 각 조합의 자본금 개념이어서 예금자보호기금에 따른 예금자 보호 자체가 되지 않으므로 유의하기 바란다.

금리 또한 각각 다르다. 예금보다 적금이율이 더 높은 곳도 있고, 적금이율보다 예금이율이 더 높은 곳도 있다. 일반적으로는 예금이율이 적금이율보다 높은 편이다.

적금은 매달 일정 금액을 납입해서 목돈을 만드는 통장이고, 예금은

1년 단위로 목돈을 묶어두는 통장이다. 정기적금은 매달 정해진 금액을 넣는 통장이고, 자유적금은 자기 마음대로 금액을 넣을 수 있는 통장이다. 일반적으로 자유적금은 1년을 4분기로 나눠서 가입한 시점부터 3/4분기 경과 시 나머지 1/4분기 동안은 납입금액을 3/4분기 동안 납입한 금액의 1/2 이내로 제한한다. 다시 말해서 2015년 7월 1일에 가입해서 2016년 3월 31일까지의 입금금액이 1500만원이라면 3월 31일 경과 후의 입금 가능액은 이전 납입액의 1/2인 750만원으로 제한된다는 뜻이다. 그러므로 초반에 돈을 넣을 수 있는 여건이 된다면 많이 넣어두는 편이 좋다. 하지만 상품과 기관마다 내용 혹은 기간의 차이가 있을 수 있으므로 통장 개설 시 확인하도록 하자.

나의 경우 월 100만원을 정기적금 목표액으로 잡았다. 그리고 지역 농협에서 100만원짜리 정기적금 하나와 자유적금을 개설하기로 했다. 그런데 막상 집 근처의 지역 농협의 적금 상품을 보니 자유적금이 정기적금보다 이율이 더 높아서 두 개의 통장을 다 자유적금 통장으로 개설해서 하나는 정기적금처럼 월 100만원씩 넣고, 나머지 하나는 자유롭게 금액을 넣는 자유적금통장으로 사용하고 있다. 월급이 들어오면 정기적금 통장에 먼저 돈을 넣고 일부는 고정지출통장(세금통장)과 용돈 통장에 넣는다. 그리고 나머지 금액으로 유동지출에 쓴다.

ISA 통장 활용법

추후 '만능 통장'으로 불리는 개인종합자산관리계좌(ISA) 통장을 이용할 예정이다. ISA는 매년 2000만원 한도로 5년간 최대 1억 원까지 투자할 수 있다. 5년간 발생한 이익에 대해서 최대 250만원(연봉 5000만원 초과자는 200만원)까지 비과세 혜택을 받을 수 있고, 초과 수익에 대해서도 9.9%로 저율 분리 과세한다.

ISA는 바구니로 보면 된다. 바구니 안에 예금이라는 달걀을 넣을 수도 있고 펀드라는 달걀을 넣을 수도 있다. '신탁형 ISA'는 내가 직접 달걀을 골라서 넣는 것이고, '일임형 ISA'는 은행이나 증권사 같은 곳에서 대신 달걀을 넣어주는 것이다.

ISA 통장에 넣을 수 있는 투자자산은 예금과 적금, 펀드, 파생결합상품(ELS 등)인데, 나의 경우 비과세가 목적이기 때문에 가입자격을 충족하는 근로소득이 있는 남편의 이름으로 신탁형 ISA 통장에 가입해서 예금과 적금 투자에 이용할 예정이다. 만약 연간 1000만원을 연 이자 1.5%로 5년간 정기예금에 가입할 경우 누적 수익이 77만원이다. 일반 과세 예금에 가입했다면 이자에서 15.4%의 세금을 제외해야 하니 77만원 중 118,500원의 세금을 제외하고 651,500원을 수령한다. 하지만 IAS 통장에 가입하면 전액 비과세 혜택을 받을 수 있다.

그러나 이 금액이 우리 주머니에 다 들어가는 것이 아니다. ISA는 엄밀히 말하면 운용수수료가 있는 파생금융상품이다. 예금으로 신탁형 ISA에 가입한다고 해도 결국 ISA라는 바구니에 예금이라는 달걀을 담는 것이기에 운용수수료를 부담해야 한다.

신탁형 ISA에 예금 100% 운영 시 시중 은행의 운용수수료는 평균 잔액의 0.1%다. 그러면 5년간 보유 시 비과세가 되기 때문에 예금을 5년 후에 찾는다면 (원금+이자)×0.1%×5가 운용수수료가 된다.

단순히 1000만원 원금에 1.5% 이율로 계산한다면 원금과 이자의 합은 1,015만원. 이 금액의 운용수수료는 0.1%×5=50,750원이다. 그러면 실제로는 118,500원이 아니라 운영 수수료를 차감한 67,750원이 이득이다. 그러나 실제로 2년째부터는 원금과 이자를 원금으로써 재투자하기 때문에 이 금액보다는 약간 더 많은 운용수수료를 내야 할 것이다. 그리고 이율이 매년 바뀌기 때문에 계산한 이자와는 차이가 있다. 그래도 ISA에 가입하지 않았더라면 내야 했을 이자 금액의 15.4%보다 적은 금액이다.

하지만 ISA의 경우 5년이 돼야 세금 혜택을 받을 수 있고 만약 중도해지를 하면 15.4%의 세금과 일정 금액의 운용수수료까지 공제하고 받기 때문에 처음 가입 시 향후 5년간은 해지하지 않을 금액으로만 가입하는 것을 추천한다. 현재 ISA는 한국씨티은행을 제외한 대부분 은행과 증권사에서 취급하고 있다. 참고로 ISA에 편입된 금융상품 중 예금·적금에 한하여 예금자 보호법에 따라 예금보험공사가 보호한다. 그래서 펀드나 ELS 등은 예금자보호 대상이 아니다.

아내의 재테크는 왜 적금 비중이 커야 할까?

적금 비중이 큰 이유는 돈을 모아서 대출금을 상환하기 위해서이다. 따로 돈을 모으지 않고 바로 매달마다 100만원씩 원금을 상환하면 이자가 줄어들어서 이득이었지만, 이렇게 바로 상환하지 않고 저축을 한 이유는 목표가 필요했기 때문이다.

이렇게 1년간 돈을 모아서 대출받은 금액의 반을 갚았다. 그랬더니 이자가 반으로 줄어서 고정지출비용 중 대출이자비용도 반으로 줄었다.

그 후 고정지출 부분에서 그 비용만큼은 빼고 고정지출 통장에 납입한 결과 생활비로 쓸 수 있는 금액이 늘어났다. 결혼 후 2년 뒤에는 원금 및 이자 전액을 상환해서 따로 대출금액과 이자를 내지 않게 되었다.(대출을 받을 때 중도상환수수료가 면제되는 상품임을 확인하고 대출을 받았기에 대출 상환 시 수수료 부담이 없었다. 하지만 보통은 3년 정도 지나야 중도상환수수료가 없다.)

원금을 상환하고 남은 현금 중 1000단위 금액은 예금통장으로 묶었다. 그리고 나머지 돈은 이전처럼 100만원짜리 정기적금 통장을 개설해서 돈을 넣고, 나머지 금액은 자유적금통장을 개설해서 넣었다. 대출금을 상환한 뒤에도 예금 비중을 크게 잡은 것은 다음 목표를 위해서였다.

1000단위 금액 → 예금통장으로 묶기

100만원짜리 정기적금 통장 개설 → 여기서 남은 돈은 자유적금 통장에 입금

다음 목표는 바로 '종잣돈 만들기'였다. 그래서 일단 금리가 낮아도 저금을 해야 한다. 수익을 내려면 위험은 최소화하되 투자는 이뤄져야 한다. 하지만 매달 받는 월급을 쪼개서 투자한다면 수익률이 높다고 해도 별 의미가 없다. 투자금 50만원에 10%의 수익률이 났다고 해도 수익금이 5만원밖에 되지 않지만, 종잣돈 1억을 모아서 10%의 수익률이 났다면 수익금이 1000만원이다. 그러니 금리가 낮다고 은행에 돈을 넣을 이유가 없다고 생각하지 말고 일단은 투자 이전에 저금부터 하자.

적금을 강조하는 더 큰 이유가 있다. 그것은 우리가 아이를 키우고 있는 엄마라는 것이다. 아이를 키우고 있는 엄마의 재테크는 달라야 한다. 아이를 키우는 집안 내 환경만 보더라도 아이가 다치는 경우가 없도록 날카로운 물건은 모두 치우고 가구의 모서리조차도 모서리보호대를 부착한다. 혹시나 아기가 삼킬지도 모르는 작은 건전지와 동전들까지도 아기의 손이 닿지 않는 곳에 보관한다.

가정의 경제 환경도 마찬가지다. 아이가 성장해서 학교를 졸업시키기 전까지 경제적인 어려움을 가져올 만한 위험을 최소화해야 한다. 그리고 이런 위험을 최소화하는 가장 안전한 방법은 바로 저금이다.

2. 주택청약종합저축 통장

누구나 꼭 가입해야 하는 금융상품이 있다면 바로 주택청약종합저축 통장이 아닐까. 주택청약종합저축에 대해서는 많이 들어봤을 것이다. 주택청약종합저축은 무주택 세대주이자 총 급여가 7000만원 이하인 근로자면 연말정산 소득공제 혜택까지 받을 수 있다.

주택청약종합저축 통장은 기존의 '청약저축, 청약예금, 청약부금'의 기능을 한데 묶은 주택청약통장이다. 국민주택과 민영주택을 가리지 않고 모든 신규 분양주택에 사용할 수 있어 '만능청약통장'이라고 한다. 무주택자가 아니어도 민영주택청약을 할 수 있다.

예금자 보호법에 따라 보호되지는 않으나, 국민주택기금의 조성 재원으로 정부가 관리하고 있기에 안전하다. 가입대상은 개인 또는 외국인 거주자이고 매월 적립금액은 2만원 이상 50만원 이내로 5000원 단위로 납부가 가능하다. 그리고 잔액이 1500만원 미만인 경우 월 50만원을 초과해 잔액 1500만원까지 일시 예치가 가능하다. 잔액이 1500만원 이상인 경우 월 50만원 이내에서 자유 적립할 수 있다. 계약 기간은 입주자로 선정 시까지이다.

1순위 조건은 수도권의 경우 가입 후 1년 경과와 12회 이상 납입한 가입자이고, 지방은 가입 후 6개월 경과와 6회 이상 납입한 가입자이다. 부양가족수나 무주택기간을 늘리기는 힘드므로 빨리 가입해 가입 기간을 늘리는 것을 추천하다.

참고로 아파트 청약 시 한 가지 알아둘 것이 있다. 건축법상 건물의 높이가 높을수록 앞뒤 동의 간격이 넓어야 한다. 반대로 건물의 층수가 낮으면 앞뒤 동의 간격이 좁을 확률이 높다는 뜻이기도 하다. 이런 이유 때문일까. 실제로 층수가 낮은 아파트를 보면 사생활 침해를 받을 수 있을 정도로 앞뒤 동 간격이 좁은 경우도 있었다. 아파트 분양을 받을 때 분양가가 저렴하다고 청약하기보다는 이런 점까지도 세세히 챙기자.

만 5세 이하의 아이 명의로 통장을 만들면 출산장려정책으로 우리은행과 기업은행에서 탄생축하금 만원을 제공하고 있다. 통장을 만들 때 준비물은 아기 도장과 부모의 신분증, 등본 또는 가족관계증명서(3개월 이내)이다.

아이와 내 명의로 된 주택청약통장은 자동이체로 월 2만원씩 넣고 있다. 앞서 말했듯이 아이의 용돈 통장(입출금통장)에 넣은 돈은 1년 정도가 되면 아이의 주택청약종합저축통장으로 전부 옮기고 있다. 왜냐하면 주택청약통장이 입출금통장보다 이율이 높은 편이라서 적금통장으로 사용하기에도 손색이 없기 때문이다.

주택청약통장은 주거래 은행에서 개설했기 때문에 자동이체 시에 수수료가 발생하지 않았다. 무엇보다 청약저축통장은 만기가 따로 없고 매월 약정일에 일정 회차의 납부가 중요하기 때문에 자동이체를 이용하고 있다.

반면 남편의 계 모임에 곗돈을 이체시킬 때는 자동이체를 신청하지 않고 직접 이체시킨다. 이유는 받는 이의 통장이 타 은행이라서 자동이체 시에 수수료가 들기 때문이다. 인터넷 뱅킹을 할 때는 수수료가 무료이지만, 자동이체를 이용할 때는 수수료가 붙는 은행들이 많으니 유의해야 한다.

같은 은행이라고 해도 자동이체를 하지 않고 대부분 직접 이체하는 이유는 돈 관리의 즐거움을 느낄 수 있기 때문이다. 월급날 이체 후에는 되도록 가계부에 지출금액을 바로 적는 편이다. 그래야 잔액이 얼마 남았는지 한 번 더 보면서 그 달의 지출을 계획할 수 있다. 아이 때문에 가계부를 적을 수 없는 상황이라면 이체 후 꼭 잔액이 얼마인지 확인해서 유동지출을 잔액에 맞게 계획해서 쓸 수 있도록 하자.

3. 자유적금통장에는 잔액을 넣자

첫 달에는 자유적금은 보류하고 정기적금만 넣자. 그리고 앞에 열거한 여러 통장에 돈을 이체한 후 남은 돈으로 생활비를 쓴다. 그 다음 달 월급날이 되면 지난 달에 받은 월급 중 유동지출(생활비)을 쓰고 남은 잔액 중 20%는 펀드에 넣고 나머지 80%는 정기적금통장을 만들 때 같이 개설했던 자유적금통장에 이체한다. 그리고 한 번씩 들어오는 보너스 또한 자유적금통장에 넣고 일부는 경조사비통장에 넣는다.

예를 들어 보자. 첫 달에 남은 생활비가 50만원이고 둘째 달에 300만원의 급여가 입금됐다고 치자. 그러면 50만원 중 20%인 10만원은 펀드에, 나머지 80%인 40만원은 자유적금통장에 이체한다. 그리고 300만원 급여로 고정지출 통장에 70만원, 정기적금통장에 100만원, 용돈통장에

25만원, 곗돈에 2만원 그리고 나머지 금액으로 생활비를 쓴다. 그리고 다음 달 월급날 잔액이 남으면 똑같은 방식으로 저금한다.

남은 생활비 50만원
· 20%(10만원) 펀드
· 80%(40만원) 자유적금통장

300만원 급여
· 고정지출통장 70만원
· 정기적금통장 100만원
· 용돈통장에 25만원
· 곗돈 2만원
· 생활비(나머지 금액)

지금까지 여유 자금을 남긴 생활비로 생활한 후, 남은 금액을 자유적금에 저축하는 방법에 대해 말했다. 예전에는 다음 방법으로 저금했었다.

1단계. 여유 자금 없이 생활비를 타이트하게 잡고, 남은 금액 강제 저금
2단계. 3달치 생활비를 넣은 여유 자금 목적의 예비 입출금통장 만들기
3단계. 생활비가 부족하면 예비통장에서 생활비 당겨쓰기

하지만 이 방법은 불편한 점들이 많았다. 일단 마음이 불편했다. 병원비 혹은 자동차 수리비 등과 같이 예상치 못한 상황에 직면하면 생활비가

부족해지므로 적지 않은 스트레스를 받았다.

그럼 예비통장에서 생활비를 당겨쓰면 되는 거 아니냐고? 나중에는 이런 전제가 더 불편하게 느껴졌다. 예비통장이라는 믿는 구석이 있다 보니 생활비로만 생활하는 습관을 들이기가 어려웠기 때문이다.

한 번은 갑작스럽게 찾아온 충동구매 욕구 앞에서 '생활비통장에 잔액이 없네? 타이트하게 생활비를 잡고 나머지는 몽땅 저금했으니까 생활비가 부족한 거야. ㅎㅎ'라고 자기합리화하며 과소비 후 예비통장에서 돈을 당겨오는 내 모습을 발견했다.

즉, 생활비가 100만원이고 예비통장잔액이 300만원이라면 나도 모르게 쓸 수 있는 돈이 총 400만원 있다고 생각했던 것이다. 이런 방법은 초기 저축금액은 조금 많을지 몰라도 예비통장에 구멍이 나버리니 총자산으로 따졌을 때 결코 효율적이지 못했다. 그리고 이런 심리 싸움에서 이기기란 쉬운 일이 아니었다.

그래서 이런 단점을 보완하고 장점만 접목해낸 방법이 여유 자금을 남긴 생활비로 생활 후 자유적금에 남는 돈을 저금하는 것이었다. 경조사비와 같이 예상치 못한 상황을 대비해 예비통장 목적의 경조사비 통장도 만들어놓았다. 하지만 경조사비에서 생활비를 당겨오는 일은 거의 없었다. 여유 자금을 미리 남겨놓고 생활비를 정했으므로 자기합리화의 여지 자체가 없었기 때문이었다. 그리고 초기에 생각한 여유 자금 이상을 목표로 자유적금에 저금했다.

실제 이 방법으로 바꾼 후 생활비로만 소비하는 습관을 가질 수 있었고, 오히려 저축액도 그 전보다 더 늘릴 수 있었다.

Chapter 3

불리기
─ 저위험 고수익의 역발상 투자법

1. 어떻게 위기를 기회로 만들 것인가

　모름지기 투자는 싸게 사서 비싸게 팔아야 수익률이 높다. 그런데 일반적인 경제 지표로는 매수시기를 잡기 힘들다. 유가, 세계 경제, 사회, 정치, 물가, 북한의 도발, 심지어 날씨 하나까지도 경제를 뒤흔들어 놓는다.

　우리가 비교적 쉽게 매수시기를 잡을 수 있는 지표는 바로 '금리'다. 금리는 출렁이는 파도처럼 오를 때도 있고 내릴 때도 있다. 경제가 불황이면 금리를 낮춰서 시중에 돈을 풀어 경제를 부흥시키고자 한다. 반대로 경제가 활황이면 물가를 안정시키기 위해서 시중에 돈을 걷고자 금리를 올린다. 예를 들어 일본의 경우 경제를 활성화하기 위해서 마이너스 금리를 택하기까지 했다.

　금리는 통화정책뿐 아니라 경기, 환율 변동 등에 따라 달라지기도 한다. 금리가 높던 IMF 때는 부도난 기업도 많았고 실업자도 많았다. 그리고 수많은 중산층이 무너졌다. 경제난으로 가족들까지 뿔뿔이 흩어진 경우까지 있었다.

이와는 반대로 "지금 이대로!!"라고 건배사를 외치던 사람들이 있었다. 바로 부채 없이 현금을 가지고 있던 실속형 부자들이었다. 은행에서 이자 수익으로 부를 축적한 사람도 있었고, 싼값에 주식과 부동산을 사들이는 사람도 있었다. 이후 다시 경기가 회복되면서 주식과 부동산 가격은 천정부지로 뛰었다. 그래서 이들은 이전보다 더 큰 부자가 되었다.

지금은 저금리시대다. 예금이자가 1%대다. 일반적으로 재테크 책에서는 은행의 금리가 낮으면 주식과 부동산에 투자하는 게 더 높은 수익률을 올릴 수 있다고 말한다. 간접투자방법인 펀드 투자를 하는 것도 추천한다. 이런 이론을 모르더라도 금리가 낮다 보니, 은행 예금 이자보다 더 높은 수익률을 기대하며 주식이나 부동산 쪽으로 돈이 몰린다. 심지어 은행에서 돈을 빌려서 주식이나 부동산에 투자하는 사람도 있다.

그러다 금리가 오르면 주식과 부동산에 몰려 있던 돈은 은행으로 유입될 가능성이 크다. 돈이 있는 사람과 돈이 없는 사람 이렇게 두 부류로 나눠서 생각해 보자.

돈이 있는 사람은 부동산 또는 주식보다 수익률이 더 높은 은행에 다시 예금할 것이다. 반대로 돈이 없는 사람은 주식이나 부동산을 통해서 버는 수익보다 부담해야 할 대출 이자가 더 커지기 때문에 매도를 통해서 은행에 대출을 상환할 것이다. 만약 상황이 더 안 좋다면 빚을 감당하지 못해서 경매로 넘어가는 부동산도 있을 것이다.

처음 금리가 낮을 때는 주식과 부동산을 사려는 사람(수요)이 많으니 주식과 부동산 가격이 올라간다. 반대로 금리가 오르면 주식과 부동산을 팔려는 사람(공급)이 많아지면서 가격은 내려간다. 그래서 나는 일반적인 재테크와는 달리 역발상 투자를 하고자 한다.

대출 이율이 낮은 지금은 대출을 받을 기회가 아니라 저렴한 이자 비용으로 대출을 갚을 수 있는 절호의 기회다. 저금리일 때 최대한 대출을 먼저 상환해놓고 종잣돈을 모으는 것이다. 앞서 말했듯이 금리가 올랐을 때 예금금리만 오르는 게 아니다. **대출금리는 더 오른다.** 빚으로 가계를 지탱하던 사람들은 휘청거리기 시작할 것이다.

하지만 현금을 가지고 있는 사람은 금리가 높은 은행에 돈을 맡겨두어도 어느 정도의 이익을 거둘 수 있고, 가격에 거품이 빠진 주식과 부동산에 투자한다면 나중에 다시 금리가 내렸을 때 주식과 부동산에 돈이 몰리면서 더 많은 이득을 볼 수 있다.

그러나 꼭 금리가 아니더라도 위기의 순간은 많다. 그리고 이런 위기는 곧 기회다.

2. 부동산 소액 투자 비법

스탠바이~ 큐! ON AIR

MC　안녕하세요. 고품격 재테크 프로그램! <돈 되는 정보 있으면 나도 좀 알려줘>입니다. 부동산 투자를 꿈꾸는 시청자 여러분. 평소에 몇 십억, 몇 백억짜리 빌딩이 있는 사람들의 이야기를 듣고 있으면 다른 세상의 이야기를 듣는 느낌이셨을 것입니다. 오늘은 이런 뜬구름 잡는 이야기가 아니라 소액으로 재테크 투자에 성공한 재야의 숨은 고수! 윤 선생님을 모셨습니다! 박수로 환영해 주세요~

윤 선생　안녕하세요. 저는 주말마다 아내와 아이를 데리고 낚시하러 다니는... 그냥 주변에서 흔히 볼 수 있는 평범한 아저씨입니다.

MC　하하 겸손하시네요. 시청자분들께서 가장 궁금해하는 질문을 바로 드리도록 하겠습니다. 부동산 투자의 비법이 뭔가요?

윤 선생　오랜 경험에서 나온 선택일 뿐이었습니다. 건축업에 종사하며 공사현장에서 반평생을 보냈죠. 그러다 보니 부동산에 대한 촉이 남들보다 좀 낫지 않을까 합니다.

177

MC 공사현장에 계셨다는 것만으로 '재야의 고수'라고 불리지는 않을 것 같은데, 그럼 평소에 어떻게 투자를 해오셨는지 여쭤봐도 될까요?

윤 선생 저는 그냥 낚시터로 가는 것이 아닙니다. 운전자의 눈에 띌 정도로 잘 보이는 곳과 구석진 곳이 아니면서도 앞뒤의 전망이 확 트인 부동산, 그중에서도 특히 접근성이 좋은 물건을 확인하죠. 눈에 잘 띈다고 해서 다가 아니기 때문입니다. 단적으로 얘기해서 고속도로에서 신나게 달리고 있는데 고속도로 너머로 멋진 집이 보인다고 당장 그 집으로 갈 수 있는 방법이 없잖아요. 그래서 눈에 잘 보이면서도 자동차의 진입과 퇴출이 자유로운 부동산을 선호합니다.

마음에 드는 부동산이 있으면 근처 부동산중개소에 들러서 주변의 시세가 얼마인지, 매도 물건이 있는지 확인합니다. 그리고 시세가 괜찮다고 생각되면 새로운 물건이 나왔을 때 연락 달라 말한 후 연락처를 남기고 옵니다. 만약 중개소가 안 보이면 위치를 메모해 두었다가 근처 부동산중개소 전화번호를 알아봐서 연락합니다. 이렇게 꼭 부동산 정보를 확인해야 직성이 풀립니다. 참고로 평소에는 교차로나 벼룩시장 같은 생활정보신문을 즐겨 봅니다. 그 지역의 매매물건과 대략적인 시세를 앉아서 파악하기에는 이만한 게 없거든요.

그리고 제가 꼭 움직이지 않더라도 잘 아는 중개사에게 수시로 연락이 오도록 해놓았죠. 제가 잠정고객이다 보니 중개사 역시 새로운 물건이 나올 때마다 연락을 주는 거고요. 이렇듯 늘 부동산 정보에 관심을 가지다 보니 관심 지역의 10년 전, 5년 전, 최근의 시세까지 꿰고 있습니다.

MC 아, 그럼 중개사의 조언도 어느 정도 투자 성공에 기여한 건가요?

윤 선생 새로운 물건에 대한 정보 면에서는 모르겠습니다만, 그들의 조언에 대해서는 아니라고 말씀드릴 수 있겠네요.

전 부동산 중개사의 말을 믿지 않습니다. 매도인이나 임차인의 말도 믿지 않죠. 오로지 제 눈과 발을 믿을 뿐입니다. 그래서 새로운 물건이 나왔다고 하면 발품을 팔아서 반드시 제 눈으로 확인하고 현장조사를 합니다. 심지어 마음에 드는 상가의 경우에는 하루를 잡아서 아침부터 저녁까지 유동인구가 몇 명인지 파악하죠. 지나가는 사람이 곧 돈이거든요.

상가를 볼 때 가장 중요한 점은 바로 '수익률'입니다. 수익률을 확인할 때는 매도인에게 묻거나 상가를 임대받는 세입자에게 묻는 건 별 도움이 되지 않죠. 매도인으로서는 당연히 장사가 잘되고 수익률이 높다고 말할 가능성이 큽니다. 반대로 세입자로서는 자신에게 기존 건물주가 더 유리하다면 장사가 안 된다고 말하고, 불리하다면 장사가 잘된다고 거짓말할 확률이 높아요. 어쩌면 임차인의 "장사가 잘되지 않는다"라는 말은 '주변 시세보다 훨씬 낮은 임대료를 내고 있는데, 소유주가 바뀌면 임대료를 주변 시세와 비슷하게 올릴 테니 당신한테는 득이겠지만 내게는 손해다'라는 뜻일 수도 있어요.

MC 보통 분들은 곧장 낚시터로 가실 텐데 역시 고수는 다르시네요.

윤 선생 사실 낚시도 중심을 지키기 위한 투자의 연장이라고 할 수 있죠. 부동산시장 한복판에서는 자신을 잃고 흔들리기 쉬워요. 그러나 시끄러운 부동산 시장이 아니라 정적 속에서 낚시하는 동안은 제3의 눈으로 부동산을 분석할 수 있죠. '목적에 맞는 투자일까. 잔존할 수 있는 위험은 없는가. 지금이 매매 시점이 맞을까. 그리고 내가 낚으려는 부동산이 대어일까' 등의 생각을 깊이 할 수 있습니다. 모름지기 낚시찌가 깊이 들어가야 대어를 낚을 수 있는 확률이 커지는 법입니다.

MC 그런데 궁금증이 생기네요. 소액투자가 가능한 건 대출을 이용하시는 건가요? 그리고 매매차익을 목적으로 부동산 투자를 하시는 건가요?

윤 선생 아니요. 매매차익이 나면 좋기야 하겠지만 저는 매매차익을 목적으로 부동산을 매입하지 않습니다. 부동산의 사용 혹은 임대수익을 목적으로 매입하죠. 부동산의 사용 혹은 임대수익을 위해서 산다면 부동산을 산 후 부동산 가격이 하락하더라도 크게 의미가 없습니다. 안 팔면 그만이기 때문이죠.

예를 들어 내가 매입한 상가가 올랐다면 다른 상가들도 올랐을 가능성이 크기 때문에 기존의 상가를 팔고 다른 상가를 사는 게 의미가 없을 것입니다. 만약 상가를 임대수익 혹은 직접 사용하기 위해 매입한 것이 아니라, 부동산 가격의 매매차익을 위해서 구매했다면 얘기가 달라지죠. 부동산 가격의 변동은 큰 위험 요인이 될 것입니다.

179

또한 장기간의 투자도 어려움이 따르죠. 단기간의 경제 상황은 추측할 수 있을지 모르나 장기로 갈수록 다양한 변수 때문에 부동산 가격의 추측이 어려워지기 때문입니다. 만약 시세차익을 목적으로 대출까지 받아서 부동산을 산다면 위험은 더욱 커집니다. 부동산을 산 후 부동산 가격이 하락하더라도 대출받은 금액은 변하지 않기 때문이죠. 이 말은 부담해야 할 이자가 변하지 않는다는 말이기도 합니다. 특히 이렇게 큰돈이 오가는 부동산의 경우는 더욱 시세차익을 목적으로 구매하지 않습니다.

한마디로 매매차익은 제가 조절할 방법이 없습니다. 제 손에서 조절할 수 있는 건 오로지 위험과 비용뿐이죠. 투자는 돈이 많아서 하는 게 아닙니다. 5000만원이 있다면 5000만원에 맞게, 1억이 있다면 1억에 맞게 투자를 하는 거죠.

10년 전 매입했던 아파트에 대해 말씀드리죠. 당시 지방의 대학교에 입학하게 된 딸이 원룸에 자취하게 됐어요. 근데 가로등조차 많이 없는 원룸단지는 딸이 살기에 위험해 보였어요. 그래서 아내와 의논 끝에 딸이 살 소형아파트를 매입하기로 했습니다. 딸이 졸업하는 시간 정도면 장기투자도 가능하겠다고 생각했죠. 그때부터 학교 주변의 아파트를 물색했습니다. 그리고 학교에서 차로 10분 거리의 아파트를 찾았죠.

그 다음 아파트 주변의 공인중개소에 연락해 두었습니다. 여기서 중요한 건 딱 한 군데 사무소에만 연락하는 거였어요. 여러 군데 연락해놓으면 중개사의 책임감도 그만큼 분산되거든요. 여기에서만 거래한다고 하면 그만큼 확실한 매수자로 인식하기 때문에 물건이 나올 때마다 1순위로 연락을 받을 수 있죠. 매매 시기가 길기 때문에 연락이 끊어지지 않게 한 번씩 제가 연락을 먼저 드리기도 했었죠.

MC 매매 시기가 길다면 어느 정도죠? 그리고 적당한 매매 시점이 있나요?

윤 선생 이 아파트의 경우 8개월 정도가 걸렸습니다. 어떤 경우에는 매수하기까지 몇 년이 걸릴 때도 있습니다. 부동산을 사는 돈이 적은 돈은 아니니 긴 시간 동안 지켜봐야 하죠.

그리고 적당한 매매 시점은 싸게 살 수 있는 때죠. 싸게 살 수 있는 때는 많은 사람이 하루라도 빨리 팔아야겠다고 조급해할 때입니다. 아파트의 경우에는 운이 좋았습니다. 바로 2005년 8월 31일 부동산 규제 정책이 발표됐거든요.

그때 점찍어둔 아파트에 1가구 4주택자였던 다가구 주택소유자인 매도인이 나타났습니다. 주변에 대학교가 있으니 매매차익을 노릴 수 있겠다고 생각해서 구입했다고 하더군요. 그런데 집값 대부분을 대출로 산 터라 전세를 줄 수밖에 없었고 이제 정책까지 불리하게 발표되니 매매차익 기다리다가 잃을 게 더 많겠다 싶어서 부랴부랴 부동산을 내놓은 거였어요.

매매 시점을 잘 선택한 턱에 시세 5000만원짜리 아파트를 30% 저렴한 3500만원에 살 수 있었습니다. 딸은 학교를 졸업한 후 근처에 직장을 얻고 예상했던 기간보다 2년 더 아파트에서 살았습니다. 그리고 딸이 다시 고향으로 돌아온다 했을 때 저는 기존에 거래하던 부동산중개소에 집을 팔 거라고 의뢰했죠. 언제 팔든 손해 보지 않을 부동산을 매입했기에 가능한 선택이었습니다. 3500만원에 샀던 아파트는 6000만원에 팔렸습니다. 결과적으로 딸이 원룸에 살았더라면 나갔을 월세 40만원x12x5년=2400만원과 2500만원의 매매차익. 약 5000만원의 이득을 봤습니다.

MC   '부동산 규제 정책' 때 남들과 반대로 오히려 매입하신 거군요. 역발상 투자를 하신 거네요. 요즘은 다른 투자 계획이 없으신가요?

윤 선생   노후 준비용으로 수익형 부동산을 돌아보고 있습니다. 상가주택을 보고 다닌 지 3년이 넘었는데 아직 적당한 물건을 발견하지 못해서 계속 알아보고 있습니다. 마음에 드는 부동산이 정 나타나지 않으면 땅을 사서 건물을 짓는 방법도 고려하고 있습니다.

MC   그런데 상가는 비싸지 않나요?

윤 선생   서울에 있는 상가를 사려면 불가능할 수 있습니다. 하지만 서울만 한국은 아니죠. 지방에는 아직 비싸지 않은 부동산이 많습니다. 서울 서초구 방배동에서 지방으로 이사 온 지인은 방배동 집을 팔아서 이전과 같은 평수의 아파트 한 채를 마련하고 10억 이상의 현금이 남았을 만큼 서울과 지방의 부동산 가격 차이가 크죠. 해외 펀드에는 거침없이 투자하면서 같은 한국의 부동산에 투자를 못할 이유가 없습니다.

하지만 50대 이상의 분들이 부동산을 살 때는 부동산에 전부 투자하기보다는 어느 정도 현금을 보유하고 있어야 합니다. 지방의 상가를 구매할 때 가지고 있는 현금 전부를 쓸 정도로 비싼 상가를 구매하지 않는다면 부동산과 더불어 현금까지 보유할 수 있어요. 보통 예금과 부동산은 반대로 움직입니다. 예금과 부동산, 둘 다 보유하고 있다면 경기 흐름이 어떻게 바뀌든지 위험에 노출될 일이 없어요. 저는 이것이 진정한 분산 투자라고 생각합니다.

특히 나이가 들수록 현금 보유는 더 중요합니다. 인생에 어떤 위기가 닥칠지는 아무도 모르기 때문이죠. 그리고 화폐만큼 유동성이 뛰어난 자산은 없습니다. 반면 부동산은 유동성 면에서 취약하죠. 특히 상가의 경우 위치와 건물 연수 등 개별성 때문에 비교할 수 있는 표본이 거의 없어요. 그래서 가격 결정이 쉽지가 않습니다. 갑자기 어떤 이유로 급전이 필요해서 급매로 부동산을 내놓게 된다면 제값을 받지 못하고 팔 수밖에 없습니다. 그렇다면 지금껏 해왔던 재테크가 한순간 무너질 수 있습니다.

반대로 부동산 매도자의 위기는 매수자에게 기회가 될 수 있어요. 경매나 공매를 통해 부동산을 구매하는 것보다 급매로 나온 부동산을 오히려 더 저렴한 가격으로 살 수 있기 때문이죠.

MC 그렇군요. 혹시 시청자분들을 위해서 상가의 적정 수익률에 대해 한마디 해주실 수 있을까요?

윤 선생 상가의 수익률은 기준금리의 2~3배가 적당합니다. 지금처럼 기준금리가 1.5%라면 수익률은 5% 내외가 적당하죠. 기준금리가 1.5%인데 예상 수익률은 15%라면 정말 이상한 일 아닙니까? 상식 밖의 수익률은 그만큼 상식 밖의 일. 즉, 사기일 확률이 높다는 걸 잊지 않으셨으면 좋겠습니다.

MC 마지막으로 부동산 투자를 결정할 때 가장 중요하게 생각하는 게 있으신가요?

윤 선생 제가 가장 중요하게 생각하는 건 바로 '아내'입니다. 정확히 말해서 마지막 결정은 제가 아니라 '아내'가 하죠. 저는 거시적 관점으로 부동산을 본다면 아내는 미시적 관점으로 보거든요.

MC 그럼 아내의 말씀을 안 들어볼 수가 없겠군요. 윤 선생님, 오늘 말씀 고맙습니다. 그럼 다음 이 시간에는 윤 선생님의 아내분을 모시고 시청자분들을 찾아뵙도록 하겠습니다.

여자라면 누구나 복부인이 될 수 있다?

MC 지난 시간에 부동산 소액투자의 고수를 모셨었는데요, 오늘은 더 특별한 분을 모셨습니다. 바로 바로~ 고수가 추천하신 현대판 복부인. 고수의 아내분을 모셨습니다!

고수의 아내 안녕하세요. 일단 제 소개에 거품이 많네요. 저는 특별하지 않습니다. 수많은 부동산을 눈여겨 보면 누구나 괜찮은 부동산을 보는 안목이 자연스럽게 생기죠. 수년간 드라마에 푹 빠져 살면 드라마 한 회만 보더라도 "줄거리가 뻔하네!" 하면서 앞으로의 시나리오를 줄줄 꿰듯이요. 그래서 드라마 보듯이 부동산을 보는 여자라면 누구나 남부럽지 않은 투자자가 될 수 있죠.

그리고 '복부인'은 투기하는 여자들을 가리키는 말인데 저는 투기자가 아니라 투자자입니다.

MC 소개 한마디도 그냥 지나치지 않을 정도로 철저하시네요. 오늘의 인터뷰가 기대됩니다. 지난 시간에 남편분께서 "나는 거시적 관점으로 부동산을 보고 아내는 미시적 관점으로 본다"고 말씀하시던데 미시적 관점이란 어떤 건가요?

고수의 아내 투자의 시점도 중요하지만 '어떤 부동산'을 사느냐에 따라 승패가 갈리죠. 그리고 그 '어떤 부동산'을 섬세하게 알아보는 게 바로 미시적 관점이죠. 부동산을 볼 때는 투자목적이 임대수익이라 할지라도 직접 운영해도 괜찮아 보일 정도로 임차인의 수요가 많은 부동산을 알아봐야 합니다. 공실률이 0에 가까워야 기대했던 수익률에 부합할 수 있기 때문이죠.

다음은 고객들의 눈에 잘 보이는 곳이어야 해요. 삼거리나 사거리 코너 자리에 있는 부동산은 사람들의 눈에 잘 띄죠. 한 면이 도로와 더 접해 있기 때문에요. 혹은 도로를 따라 가로로 길게 지어진 상가, 높이가 높은 상가 등도 잘 보여요.

반대로 잘 보이지 않는 부동산은 도로를 따라 가로로 짧게 지어진 상가, 골목 안쪽의 막다른 곳에 있는 상가, 주변 부동산보다 안쪽에 있는 부동산은 다른 부동산에 가려 잘 보이지 않죠.

실제로 제가 다니는 중고서점은 수시로 가는 곳인데도 아직도 길을 헤맬 때가 많습니다. 건물 바로 앞에 주차장이 있어서 건물이 안쪽에 들어가 있기 때문입니다. 특히 차를 타고 갈 때는 주변 건물에 가려 잘 안 보이니 놓칠 때가 많죠. 이곳을 목표로 가는데도 실정이 이런데 여기를 지나다니는 사람은 이곳의 존재 자체를 알기 힘들 것입니다. 그래서 주차장은 옆쪽이나, 부동산과 가까운 다른 곳 아니면 후면 주차장이 좋죠. 혹은 후면에 도로가 있어서 접근하기 좋은 곳도 매력 있죠.

가시성이 좋은 부동산을 골랐다면 이제 접근성에 대해 생각해봐야 해요. 하이힐 신은 여성고객 입장에서 생각하면 쉽게 답이 나옵니다.

하이힐 신고 심하게 경사진 곳에 있는 부동산을 가고 싶을까요? 계단이 많은 곳도 하이힐 신고 올라가기가 힘들고, 부동산 입구에 들어갈 때 턱이 높은 곳은 일단 심리적으로 거부감이 들죠. 그리고 골목 안쪽에 있는, 거기다가 막다른 곳이라면 으~ 하이힐 신어서 발 아파 죽겠는데 저 같으면 거기 안 갑니다. 이런 곳들이 접근성이 떨어지는 곳이에요.

반대로 주차장이 가깝거나 지하철 혹은 버스정류장 바로 근처의 부동산은 얼마 안 걸어도 되니 접근성이 좋은 곳이죠. 또한, 계단이 없는 1층도 매력 있죠.

하지만 늘 변수가 있기 마련입니다. 한 번은 식구들과 함께 석쇠구이로 유명한 맛집이 있다고 해서 함께 가게 되었어요. 논밭을 지나고 소도 보이는 시골 외진 곳에 있었어요. 산골이라는 표현이 아깝지 않을 정도로 뜬금없는 이곳에서 석쇠구이를 먹기 위해 1시간이 넘는 시간을 밖에서 기다렸어요. 그만큼 사람들도 많았습니다. 그런데 이곳은 주차장도 따로 없거니와 길가에 차를 댈 곳도 없었습니다.

이처럼 부동산은 지역마다, 어떤 업종을 하느냐에 따라, 같은 지역임에도 어디에 위치해 있는가에 따라서 가치가 달라집니다. 심지어 길 하나를 사이에 두고도 부동산의 시세 차이가 나요. 이뿐 아니라 주변 환경, 층, 상권 등 수많은 변수가 있습니다. 하지만 부동산 투자의 실마리를 찾는 방법이 있죠.

MC 부동산 투자의 실마리를 찾는 방법이요?

고수의 아내 예, 남자랑 연애하듯이 부동산이랑 연애한다 생각하는 겁니다. 남자

184

와 연애하려면 일단 남자를 만나봐야 연애를 하겠죠? 부동산도 마찬가지입니다. 먼저 부동산 투자를 하려면 부동산에 관심을 가져야 해요.

그리고 처음 만난 남자랑 결혼하는 여자는 없죠? 사람은 겪어봐야 아는 거니까요. 부동산도 일단은 지속적으로 조사하고 분석해야 하죠.

연애하면서 남자에게 문제가 있다고 생각하는 순간 여자의 두뇌 회전속도는 GiGA LTE급으로 빨라집니다. 단 몇 분 만에 남자의 문제점을 머릿속에 정리하죠. 그리고서 여자는 남자에게 집요하게 묻습니다. "오빠, 나한테 뭐 잘못한 거 없어?" 이런 여자의 탁월한 문제발견능력은 부동산을 볼 때 빛을 발합니다.

한번은 아파트 바로 앞에 있는 상가주택이 매물로 나왔습니다. 세대수 많은 아파트 단지 앞이라 매매가격이 비쌀 것으로 생각했는데 그리 비싸지 않았어요. 1층과 2층이 상가이고 3층이 주택인 상가주택이었습니다. 현장조사를 해보니 아파트 단지 자체가 경사진 대지에 있었고 그 앞에 있는 상가주택도 마찬가지였습니다. 상가가 앞에서 보면 2층이었지만 뒷길로 접근하면 2층이 1층이 되는 구조여서 1층과 2층의 상가, 모두 세를 놓기에 괜찮다고 생각했습니다.

근데 알아볼수록 이상한 점이 있었어요. 매도자가 상가주택을 매입한 지 6개월 만에 팔려고 내놓은 겁니다. 더구나 자기가 샀던 금액 그대로 말이죠. 무엇보다 상가 월세 금액도 중개사가 얘기한 것과 다르게 기대 이하였습니다. 장사가 잘되면 이렇게 빨리 내놓을 리 없다고 생각하고 "왜지? 뭐가 문제인 거지? 뭐가 잘못된 거지?" 라고 의문점을 가지고 집요하게 답을 찾아갔죠.

답은 아파트에 있었습니다. 아파트 뒤쪽에 쪽문이 있어서 유동인구가 그쪽으로 다 새버렸던 겁니다. 그래서 단지 앞 상가는 차량통행만 잦아서 장사가 안 되고 오히려 유동인구가 많은 아파트 뒤쪽 상가가 수익률이 높더군요. 그리고 아파트 앞보다 뒤에 있는 상가가 월세도 더 높았고요.

궁금증에 대한 답이 해결되지 않는다면 부동산 계약은 하지 마세요. 철저하게 분석해서 투자 리스크를 줄이셔야 해요.

MC 이렇게 분석하는 동안 그 사이에 다른 사람이 먼저 계약하면 어떡하나요?

고수의 아내   연애하던 남자랑 헤어진다 해서 하늘이 무너지던가요? 세상에 남자는 깔리고 깔렸는 걸요.

만일 그 사이 팔릴지라도 세상에 부동산은 깔리고 깔렸으니 굳이 미련 가질 필요는 없어요. 부동산의 거래금액이 큰 만큼 신중에 신중을 기해야 합니다. 만약 성급하게 계약 후 막상 뚜껑을 열어보니 생각만큼 가치가 없는 부동산이라 해도 시간을 되돌릴 수는 없습니다. 다시 매도한다 해도 원하는 금액에 팔릴지도 미지수고 팔린다 하더라도 공인중개사 수수료와 양도소득세, 등기비용 등 지급해야 할 추가적인 비용이 많은 만큼 처음부터 잘 알아봐야 하죠.

MC   부동산 구매 시 체크해야 할 점은 없을까요?

고수의 아내   연애하던 남자와 결혼을 할 생각이면 배우자로 괜찮은지 생각해봐야겠죠. 그리고 결혼을 고려할 때 가장 중요한 게 '이 남자랑 결혼하면 아이를 같이 잘 키울 수 있을까?'입니다. 부동산도 배우자를 고르듯 '아이'와 연결해서 생각하면 쉽게 답이 나와요.

① 아이가 안전하게 다닐 수 있는 곳에 있는 부동산인가?

주변에 혐오시설 혹은 유해시설이 없는 곳. 그리고 사건, 사고가 일어나지 않은 곳이면서 사람들이 많은 곳이어야 아이가 안전하게 다닐 수 있습니다. 엄마는 아이가 사람 안 다니는 한적한 길보다 사람들이 많은 곳으로 다니기를 바라죠. 물론 어깨에 문신 그려진 험상궂은 남자들이 많은 곳이라면 곤란하겠죠. 그래서 유동인구의 유형과 나이, 성별 등이 중요하고 부동산 구매 전 요일별, 시간별 유동인구수를 파악해야 하는 거죠.

그중에서도 구매력이 있는 여자들이 많이 다니는 길은 길목이 좋은 곳이고, 이런 곳은 가게의 매출이 높으니 매력적인 부동산이라 할 수 있죠.

쉽게 말해서 여심을 흔드는 가게가 많이 있는 곳이 상권이 좋을 가능성도 큽니다. 카페, 빵집, 꽃집, 여성의류점, 화장품 가게 등이 있는 곳이요.

② 학군이 좋은가?

맹모삼천지교, 엄마들의 교육열은 과거나 지금이나 다르지 않습니다. 많은 엄마가 학원가나 유명 고등학교 등 교육 여건이 좋은 곳. 즉, '교육 인프라'가 잘된 곳을 원하죠. 이런 교육 인프라는 한순간에 만들어지는 것이 아니라 오랜 시간에 걸쳐 이뤄지기 때문에 부동산 시세가 올라갈 수밖에 없습니다.

본인의 크고 좋은 집을 두고서 교육 인프라가 잘되어 있는 지역의 좁고 낡은 아파트 전세로 이사하는 경우가 적지 않은 걸 보면 학군은 수요를 발생시키는 중요한 요소임이 틀림없습니다. 그리고 수요는 곧 수익으로 이어질 가능성이 크죠.

③ 내 아이에게 물려줄 수 있는 곳인가?

부동산은 제가 죽더라도 대를 이어서 자식에게 상속할 수 있으므로 자식 또한 윤택한 경제적 풍요를 누릴 수 있죠. 하지만 그러려면 내재가치가 충분한 부동산, 악재에도 흔들리지 않는 곳이어야 합니다. 그래서 특히 고려해야 할 것이 토지입니다. 건물은 시간이 지날수록 가치가 떨어집니다. 하지만 땅은 그렇지 않습니다. 아이가 부동산을 상속받았을 때 오래된 건물을 밀고 새로운 건물을 지어도 수익을 낼 수 있는 곳이어야 하죠.

점점 1~2인 가구가 늘어나고 이들은 생활 편의를 중시할 것입니다. 그럼 주변에 도서관, 시청, 병원, 학원, 문화시설, 공원, 지하철 등의 생활 편의시설이 갖춰져 있는 곳은 앞으로도 꾸준히 수요가 있을 것입니다.

MC 부동산 투자에서 가장 중요한 건 무엇이라고 생각하시나요?
고수의 아내 정확한 통찰력입니다. 하지만 더 중요한 것은 바로 과감한 추진력입니다. 세상에 완벽한 남자가 없듯이 완벽한 부동산은 없어요. 완벽한 남자 찾다가는 시집 못 가요. 70% 정도 나와 맞는 사람을 만나야 해요. 70% 정도 나와 맞는 사람이면 나머지 30%는 이해하고 사는 거죠. 아니면 단점을 상쇄시킬 정도로 장점이 부각되는 사람도 괜찮습니다. 부동산도 마찬가지로 이런 부동산을 찾아야 합니다.
그리고 잘생긴 남자가 얼굴값 하듯이 완벽해 보이는 부동산은 남들도 탐내겠죠. 그럼 수요가 많으니 가격이 비쌀 테고요. 인테리어빨에 누구나 혹할 부동산이 아니라 꾸며 놓으면 데리고 살기에 괜찮겠다 싶을 정도로 쌩얼이 괜찮은 부동산을 찾아야 해요. 단, 이 경우 매입비용은 리모델링이나 수리비 등 각종 예상 지출비용을 포함해서 계산하세요. 그리고 투자를 결정했다면 행동으로 옮기셔야 합니다.
한 가지 더! 계약했다고 끝이 아닙니다. 결혼한 사람이라면 한 번쯤 동화책 속의 '왕자님과 공주님은 행복하게 살았답니다'라는 말에 '진짜 그럴까?' 하고 의문을 갖지 않나요? 결혼이 끝이 아니란 걸 알기 때문이죠. 오히려 결혼보다 결혼 후가 더 중요합니다. 마찬가지로 부동산을 계약하는 것도 중요하지만, 부동산 계약 후 부동산을 잘 관리하고 유지해나가는 것도 중요합니다.
부동산 매입 후 공실률이 없도록 잘 관리해야 하죠. 그런데 생각해봅시다. 부동산 관리를 잘하려면 집에서 가까운 곳이 좋겠죠? 그래서 한걸음 나아가 생각해보면 처음

부동산을 구할 때부터 잘 아는 지역인 자기 집 앞부터 알아보는 게 좋아요.

저 또한 보유하고 있는 부동산 중에 다세대주택(빌라)의 경우 매입한 지 20년이 넘었지만 거주하고 있는 집에서 3분 거리에 있어서 관리하는데 편합니다. 깔끔한 관리 덕분에 임차인이 바뀌는 일이 적었을 뿐더러 만약 기존 임차인의 사정으로 재계약을 못하더라도 다른 임차인과 바로 계약할 수 있었죠. 또한 주변에 시청, 도서관, 시장, 학교, 병원, 공원, 버스정류장 등이 있어 여전히 수요가 많다는 점도 큰 장점으로 작용했습니다. 그리고 무엇보다 등기부등본이 깨끗하니 임차인 입장에서 안전하다고 생각해서 계약이 빨리 성사되는 것 같습니다.

MC 확실히 남편이신 윤 선생님과 미묘한 차이가 있군요. 이외에도 다른 점이 있을까요?

아내 소신을 지키는 그이와 달리 저는 다른 사람의 의견에 귀 기울이는 편입니다. 그 분야에 몸담은 사람들에게 배울 게 많거든요. 그래서 모르는 게 있으면 주저하지 않고 물어봅니다. 부동산뿐만 아니라 다른 것도 마찬가지예요. 은행에 새로운 금융상품이 나오면 이해될 때까지 물어봐요. 제가 모르는 상품에 투자할 수는 없잖아요.

MC 부부란 부족한 부분을 채워주는 사이라는 말이 떠오르네요. 오늘 말씀 고맙습니다. 끝으로 부동산 투자를 시작하시려는 분들께 한마디 부탁드리며 오늘 방송을 마치도록 하겠습니다.

고수의 아내 부동산 투자를 꿈꾸시나요? 그럼 지금 당장 시작하세요! 오늘의 한걸음이 내일의 수익이 될 것입니다.

등기부등본을 통한 권리관계 확인하기

우리에게 '엄마, 아내, 딸, 며느리'라는 여러 개의 이름표가 있듯 부동산도 그렇다. 한 부동산에도 목적에 따라 여러 개의 공부가 있다.

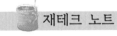 재테크 노트

토지대장	부동산의 토지 소재지, 지목, 면적 등 사항
건축물대장	건물의 소재지, 건축연도, 면적, 구조, 용도 등에 관한 사항
토지이용계획확인서	공법상 이용 제한, 거래 규제에 관한 사항
시 · 군조례	건폐율과 용적률 상한
등기부등본	부동산의 권리관계, 즉 소유권과 소유권을 제한하는 사항 및 제한물권에 관한 사항

요즘은 지적소관청이나 읍, 면, 동의 장에게 부동산 종합 공부를 발급받아 토지의 표시와 소유자에 관한 사항, 건축물의 표시와 소유자에 관한 사항, 토지의 이용 및 규제에 관한 사항, 부동산의 가격에 관한 사항 등 부동산 종합공부기록사항의 전부 혹은 일부에 관한 증명서를 종합적으로 볼 수 있다. 참고로 2017년부터는 '권리종합정보' 한 장으로 기존 등기부등본 기재사항, 토지·건축물대장 정보, 확정일자, 체납정보 등 8가지 정보를 확인할 수 있게 된다.

이 중에서 권리관계를 확인할 수 있는 '등기부등본'이 가장 중요하다고 해도 과언이 아니다. 등기부등본은 이해관계가 없어도 인터넷 대법원에서 주소를 입력하고 소정의 수수료를 결제하면 누구나 열람 혹은 발급받을 수 있다. 옆집도 윗집도 대한민국 어디든 등기부등본을 볼 수 있다는 뜻이다. 그렇다고 윗집과 옆집의 부동산 등기부등본을 확인할 필요는 없다. 우리 집 등기부등본을 한 번 펼쳐보자. 등기부등본은 표제부, 갑구, 을구로 나뉜다.

표제부	부동산의 표시에 관한 사항(소재, 지번, 지목, 면적 등의 사항)
갑구	소유권에 관한 사항(소유권의 보존, 이전, 처분의 제한, 소멸에 관한 사항이 등기되는데 소유권에 관한 가압류, 가등기, 가처분, 압류 등과 예고 등기, 회복등기, 환매권, 경매 등이 표시)
을구	소유권 이외의 권리에 관한 사항(소유권 이외의 권리에 관한 사항인 지상권, 지역권, 전세권, 저당권, 부동산 임차권 등과 이러한 제한 물권에 대한 가등기, 가압류, 가처분 및 예고등기, 회복등기 등에 관한 사항이 등기)

머리 아프게 위의 내용을 다 알아야 할 필요는 없다. 이 중에서 우리의 삶을 망가뜨려 놓을 수도 있는 무서운 녀석들을 몇 가지 살펴보자.

가등기

일반적으로 가등기는 '소유권 이전 청구권 보전의 가등기'를 말한다. 가등기의 '가'는 '임시'라는 뜻으로 해석하면 접근이 쉽다. 즉, 본등기를 할 수 있는 법적 요건을 갖추지 못한 경우 본등기의 순위를 보전하기 위해 '임시로 하는 등기'이다.

그래서 추후 가등기에 의한 본등기를 하게 되면 본등기의 순위가 가등기의 순위로 소급하여 진정한 등기의 효력을 갖추게 된다. 그러면 가등기 이후의 등기는 직권말소 대상이 된다. 즉, 가등기와 본등기 사이에 소유권이전 등기, 근저당권, 가압류, 가처분 등기 등이 있다면 말소 대상이 되므로 각별히 조심해야 한다는 뜻이다.

소유권이전청구권 가등기는 크게 매매예약과 매매계약, 2가지 경우로 나뉜다.

매매예약 아직 계약은 체결하지 않았지만 추후 매매계약을 체결하기로 약속하고 소유권이전청구권을 보전하기 위해 가등기하는 것

친구A 너 아파트 팔 거라며? 내가 살게! 근데 내가 돈이 없어서 당장 계약하기는 힘들고 얼마 뒤면 돈이 들어올 때가 있거든? 그때 계약하자.

친구B 그래? 그럼 안 팔고 기다리지 뭐.

친구A 다른 사람한테 절대 팔면 안 돼! 꼭 나하고 계약해야 돼.

친구B 알았어. 꼭 너랑 계약할게. 약속~ 도장 찍고. 됐지?

친구A 아니야, 안 되겠어. 그 사이에 네가 다른 사람하고 매매계약하면 어떡해. 친구 좋다는 게 뭐냐. 매매예약서 작성해서 확실한 증거로 가등기 신청하자. 콜?

친구B 거참, 이 친구가 속고만 살았나. 그래, 너랑 매매계약하기로 약속했으니 뭐. 콜!

매매계약 매매계약 체결 후 계약금을 미리 지급하였지만, 잔금지급 시기가 남아 있어서 바로 소유권이전등기를 할 수 없을 때 본등기의 순위를 보전하기 위해 가등기하는 것

매수인 계약해서 계약금은 드렸는데, 잔금지급시기까지 6개월이나 남아 있어서 불안하네요. 그 사이에 다른 사람에게 팔기라도 한다면, 제가 곤란해져서요.

매도인 제가 그 사이 다른 사람에게 팔기라도 하겠어요? 지금 사람을 뭐로 보고! 같이 가등기 신청하러 가면 믿겠습니까? 본등기의 순위를 보전할 수 있으니 매수인이

만약 가등기가 사람이라면 자기소개를 이렇게 하지 않을까.

"나는야 가등기! 너희 나 물로 보면 큰 코 다친다. 지금은 내가 아무것도 아닌 것 같지? 내가 본등기만 돼봐. 내 밑으로 다 죽었어!"

참고로 말소기준등기인 '담보가등기'는 채무변제의 담보를 위해 가등기하는 것으로 일반적인 '소유권이전 청구권보전 가등기'와는 다르다.

가압류등기 · 가처분등기

가압류와 가처분은 둘 다 보전처분이다. 보전처분이란 채무자가 재산을 숨기거나 처분해버리면 채권자가 돈을 받을 수 없으므로 채권자 권리보장을 위해 확정판결을 받기 전에 임시의 조치를 취하는 것을 말한다. 쉽게 말해 돈줄을 묶어두는 것이다. 가압류와 가처분의 차이는 금전채권(돈)이냐, 아니냐이다.

가압류는 금전채권(돈)을 보전하기 위해 채무자의 재산을 임시로 확보하는 것으로 가압류 등기가 되어 있다면 '갚아야 할 빚이 있다'고 보면 된다.

예를 들어보자. 한 남자가 친구에게 돈을 빌려주었는데 돈을 못 받고 있다. '친구가 5000만원을 빌려 가놓고 갚기는커녕 배 째라는 소리만 하는군. 돈을 받기 위해서는 아무래도 소송을 할 수밖에 없겠어. 그런데 내가 소송하는 걸 알면 분명 그 친구가 집을 팔아버릴 텐데……. 그 친구가 가진 거라고는 집밖에 없는데 집을 팔아버리면 내 소중한 돈을 날리겠구먼. 가압류를 신청해서 부동산을 처분할 수 없도록 해야겠어.'

그는 친구의 재산에 가압류를 신청할 것이다.

가처분은 금전채권 외의 청구권을 보전하기 위해 채무자의 재산을 임시로 확보하는 것이다. 이혼을 준비하는 여자가 있다고 가정해보자. 여자는 '이제 남편과는 정말 끝이야! 이럴 때일수록 냉정해져야 해. 일단은 치밀하게 이혼 준비를 해야겠어. 이혼 소송과 더불어 남편 명의의 아파트에 대해 재산분할 청구도 해야 하는군. 그런데 소송 제기하는 걸 알면 분명 남편이 아파트를 처분해버릴 텐데……. 그럼 재산을 나눌 아파트가 없어지니 절대 안 되지. 남편의 부동산에 가처분등기를 신청해서 돈줄을 묶어둬야겠어'라고 생각하고 가처분을 신청할 것이다.

참고로 위에 나열한 무서운 녀석들은 조심해야 하는 등기다. 하지만 반대로 그들을 역으로 이용한다면 우리의 권리를 지켜주는 천군만마가 될 수 있다. 가령 매매계약 시 잔금지급일까지 시간이 많다면 가등기를 신청하여 순위를 보전할 수 있을 것이고, 우리가 채권자라면 가압류 혹은 가처분을 신청하여 권리를 보장받을 수도 있을 것이다.

압류

가압류가 압류를 위한 임시 절차였다면 압류는 임시가 아닌 실제 절차다. 즉, 금전채권을 갚지 못해서 강제 집행하는 것이다. 압류는 낯이 익을 것이다. 드라마 속 주인공이 빨간딱지가 붙여진 가구를 보며 망연자실해하는 모습. 이는 유체동산압류의 예로, 압류등기는 보통 부동산 소유자가 국세와 지방세 등 납부해야 할 세금을 제때 납부하지 않으면 징수를 담당하는 국가기관이 강제로 소유자의 재산을 처분하는 것이다. 그러니 드라마 속 주연들은 비련의 주인공이라기보다는 사실 빚잔치의 주인공이었다는 표현이 정확하다.

환매등기

매수인과 매도인의 합의로 매매계약을 하는 동시에 등기할 수 있다. 환매등기가 유효하다면 제삼자에게도 영향을 미치기 때문에 환매등기 이후의 후순위권자는 권리를 보장받기 힘들다. 환매등기를 쉽게 설명하면 '내가 지금은 팔지만 계약한 일정 시점이 되면 매매비용을 지급하고 내가 다시 소유권을 되찾아 오겠다'고 계약하는 것이다. 이렇게 환매등기가 있는 부동산을 매수하게 되면 나중에 환매 시기가 왔을 때 낙동강 오리알 신세를 면치 못하니 조심하자.

소유권보존등기

이전까지 등기되어 있지 않은 미등기부동산에 최초로 하는 등기다. 등기부등본에 있어서 일종의 첫사랑 같은 존재랄까. 소유권보존등기 이후로는 미등기부동산이 아니므로 몇 차례에 걸쳐 매매가 이루어지든 소유권이전등기로 등기된다. 그런데 동일 부동산에 대해 소유권보존등기가 중복되어 있는 경우가 있다.

예를 들어보자. 매수인은 부동산 매매계약 전 꼼꼼히 등기부등본을 확인해 보았다. 언뜻 볼 때는 몰랐는데 다시 살펴보니 어찌된 영문인지 하나의 부동산에 이중으로 소유권보존등기가 되어 있다. 그런데 소유권보존등기의 등기명의인이 다르기까지 하다. 그리고 지금 거래를 하려는 매도자는 후등기 명의자다. 매수인은 등기부등본을 한참 바라보다가 '등기부등본도 오타가 있나 보다' 하고 가볍게 넘겨버리고 계약을 진행하려고 한다.

만일 이렇게 계약을 진행하면 어떻게 될까? 동일 부동산에 대해 소유권보존등기가 중복되어 있는 경우 소유자가 동일하면 당연히 후등기가 무효다. 명의가 다른 경우에도 마찬가지로 선등기가 원인무효(실체 관계없이 문서 등을 위조해서 등기하는 등)가 아닌 이상 후등기가 무효다. 즉, 매수인이 무효인 후등기명의인에게 부동산을 매입한다면 매수인의 소유권이전등기 역시 무효가 된다.

진짜 위험은 등기부등본에 없다

지금까지 등기부등본에서 위험한 몇 가지를 살펴보았다. 하지만 진짜 위험은 따로 있다. 바로 등기부등본은 공신력이 없다는 것이다.

예를 들어 등기부등본의 갑구에 A씨가 소유주로 등기되어 있다고 가정하자. B씨는 등기부등본상 소유주인 A씨와 매매계약을 했다. 그런데 나중에 진짜 소유주가 나타났고 A씨는 사기꾼으로 드러났다. 부동산 사기꾼 A씨가 거짓으로 소유권이전등기를 해놓은 것이다. 그래도 등기부등본만 보고 계약한 B씨는 보호받을 수가 없다. 왜일까?

기억을 더듬어보자. 등기할 때 부동산 현장에 정부관계자가 직접 찾아와서 실제 거래 사실이 맞는지 확인하던가? 그런 기억은 머릿속에 없을 것이다. 그 이유는 현재 등기가 실질적 심사를 택하지 않고 있기 때문이다. 형식적인 서류심사가 원칙이기 때문에 실질적인 소유주가 맞는지 아닌지는 심사 기준이 아니다. 그래서 등기부등본이 잘못된 것이었을 경우, 등기부등본을 믿고 계약한 매수자는 보호받을 수 없다.

이렇듯 등기부등본의 권리와 실권리자가 일치하지 않을 수도 있다. 이런 부동산 사기가 흔하지는 않겠지만 그래도 대처방법을 알고 있다면 손해볼 일은 없을 것이다.

그럼 이렇게 등기부등본으로 알 수 없는 경우 어떻게 알아봐야 할까? 아이러니하게도 등기부등본을 보면 답이 보인다. 등기부등본이 복잡할수록 그만큼 복잡한 상황이 연출될 수 있기 때문이다.

먼저 등기부등본 자체를 위조하는 경우도 많으므로 매수인이 직접 말소사항 포함으로 등기부등본을 발급받아 소유주와 매도인이 동일인물인지 신분증을 확인하는 게 기본이다. 그리고 부동산의 명의자가 자주 바뀌었는지 확인해야 한다. 부동산은 매매 시 세금 등의 비용 문제로 짧은 시간 안에 사고파는 경우가 흔치 않다. 그런데 짧은 시간 안에 잦은 소유권 이전등기가 이뤄졌다면 실소유주가 아닐 가능성을 배제할 수 없다.

앞서 말한 이유대로 찝찝함을 지울 수 없다면 매도인이 '등기권리증'을 소유하고 있는지 확인하는 것이 좋다. 그리고 매도자에게 '재산세 납부 영수증'을 받아 등기부등본의 소유자와 동일한지 비교하는 방법도 있다.

또한, 일단 휴일에 거래하자고 하는 경우는 사기를 의심해 봐야 한다. 휴일에는 공문서 확인이 어렵기 때문이다. 그리고 부동산 가격이 시세보다 매우 저렴하다면 의심할 필요가 있다. 가령 매도인이 급전이 필요하다는 이유를 대며 부동산을 시세보다 터무니없이 싸게 팔려고 내놓았다고 치자. 이상하지 않은가.

상식적으로 생각했을 때 급전이 필요하면 일반적으로 부동산을 담보로 대출을 받지, 시세보다 무진장 저렴하게 팔지는 않을 것이다. 잊지 말자. 상식이 통하는 거래를 해야 부동산 사기 당할 확률도 그만큼 낮아진다는 것을.

또한 등기부등본으로 확인할 수 없는 권리가 존재할 수 있다. 상속, 공용징수, 판결, 기타 법률규정에 따른 물권변동은 등기하지 않아도 물권변동효력이 발생한다.

가령 법정지상권자는 등기가 없어도 지상권을 주장할 수 있으므로 법정지상권의 존재를 모르고 등기부등본만 믿고 토지를 취득할 시 매입자는 지상권의 부담을 안을 수도 있다. 등기 능력 자체가 없는 부동산 물권도 있다. 바로 점유권과 유치권, 분묘기지권이다. 이런 경우 현장 답사를 통해서만 권리를 확인할 수 있다.

이런 법률 규정에 따른 물권 변동은 풍부한 경험과 전문성을 갖춘 부동산 전문가이어야 파악할 수 있다. 이렇듯 부동산이 가진 특성이 복잡해서 일반인이 부동산 직거래를 하기에는 위험성이 크다.

만약 직거래를 통해서 법률적 사고가 발생한다면 부동산 거래 금액 전부를 잃을 수도 있다. 하지만 공인중개사를 통해서 매수한다면 공인중개사의 고의 또는 과실로 법률적 사고가 발생했을 때 공인중개사에게 손해배상을 청구할 수 있다. 심지어 개업공인중개사가 자신의 사무소(장소제공)를 다른 사람에게 제공한 뒤 거래당사자에게 재산상의 손해가 발생하더라도 개업공인중개사에게 손해배상 책임이 있다. 이때는 고의 또는 과실이 없더라도 손해를 배상해야 한다.

공인중개사는 개업 시 최소 1억 원 이상의 손해배상책임 업무 보증 설정을 의무적으로 가입해야 한다. 그래서 개업공인중개사의 귀책사유로 손해가 발생하면 업무보증기관에 손해배상을 청구할 수 있다. 그렇다고 1억 원만 받을 수 있는 건 아니다. 재산상의 손해가 보증금을 초과하면 업무보증 설정금액이 1억 원이기 때문에 보증보험이나 공제조합을 통해 1억원까지 우선 배상을 받고, 그 외의 금액은 중개업자 개인에게 청구할 수 있다.

참고로 개업 공인중개사는 법적으로 사무소 명칭에 '공인중개사사무소' 또는 '부동산중개'라는 문구를 사용해야 한다. 만약 간판에 '△△컨설팅, ○○투자개발' 등이 적힌 사무소에서 컨설팅이 아닌 부동산 중개를 한다면 무등록·무자격 부동산 중개이므로 향후 분쟁 발생 시 법적 피해 보상을 받기가 어렵다.

공인중개사 수수료는 부동산 거래금액의 최대 0.9%까지지만 위험성에 대한 비용으로는 절대 큰 금액이 아니다. 수수료가 들더라도 부동산 거래금액을 지키기 위해서 공인중개사를 통해서 매수하는 게 안전하다.

그런데 사무소에서 일한다 해서 누구나 부동산중개자격이 있는 것은 아니다. 공인중개사 자격증 없이 실장이나 이사 등의 직함으로 일하는 직원들이 있다. 경험상 현장 안내를 해주던 대부분이 공인중개사가 아니라 이런 공인중개사 자격증이 없는 중개보조원이었다. 부동산의 계약서를 작성할 때는 반드시 중개인의 이름, 얼굴, 신분증을 사무소 벽에 게시된 개업공인중개사 자격증 원본과 비교하여 동일한지 확인 후 계약하도록 하자.

하지만 간과해서는 안 될 점이 있다. 손해배상은 공인중개사의 고의 또는 과실로 법률적 사고가 발생했을 때 청구할 수 있다는 것이다. 즉, 공인중개사의 고의 또는 과실이 없거나, 과실이 있더라도 고의적·악의적 과실이 아니라면 100% 책임을 묻기가 힘들다. 그래서 공인중개사의 말만 믿고 거래할 것이 아니라 최소한 공인중개사의 말이 신뢰할 만한지 아닌지 정도는 알아챌 수 있도록 부동산 지식을 가지고 있어야 한다.

3. 주식에 올인하지 않는 이유

나는 금리가 올랐을 때 주식을 살 예정이다. 무엇이든 사려는 사람이 많으면 가격은 올라가고 반대로 팔자는 사람이 많으면 가격은 내려간다. 금리가 올라서 주식 수익률보다 높은 이자를 주는 은행으로 돈이 몰리면 주식을 파는 사람이 많아질 테니 주가는 하락한다.

금리 인상 → 높은 이자로 저축 → 주가 하락

이때 나는 반대로 은행에서 돈을 찾아서 주식을 사서 묵혀둘 것이다. 그리고 다시 금리가 떨어지고 사람들이 주식으로 발걸음을 돌릴 때 환매를 통해서 주식을 현금화할 것이다. 물론 이런 금리가 아니더라도 위기

속 기회는 많다. 그런데 무엇보다 중요한 게 어떤 주식을 사느냐이다. 10년 뒤에도 살아 있을 우량주를 사야 한다.

시가 총액이 높은 기업의 주식을 사는 것이 좋다. 시가 총액이란, 주식 시장에서 어느 정도의 규모를 가지고 있는가를 나타내는 지표라고 보면 된다. 하지만 지금까지 모은 금액 전부를 주식에 투자할 생각은 없다. 일부 금액만 주식에 투자하고 나머지는 은행 예금으로 묶어둘 예정이다.

투자를 위해서 주식을 선택하지 않을 수 없는 이유는 성장하는 기업의 이익을 함께 나눌 방법이 바로 주식에 투자하는 것이기 때문이다. 적은 돈으로 기업의 성장을 함께 공유할 수 있다는 건 주식이 자본주의의 꽃이라고 불리는 이유일 것이다.

일반적으로 개미투자자는 주식에 실패한다고들 말한다. 외국인 투자자와 기관을 비교하면 개미투자자는 손해를 볼 수밖에 없는 구조라고 하는데 이 말도 맞다. 기관이나 외국인 투자자의 자금력은 개미투자자와 비교가 안 된다. 그들이 가지고 있는 정보력 또한 무시할 수가 없다. 하지만 주식을 하는데 가장 큰 적은 기관과 외국인 투자자가 아니라 바로 '나 자신'이다.

대학생 때 처음 주식 공부를 시작하면서 생활 방식이 많이 바뀌었다. 새벽에 일어나 제일 먼저 하는 일은 문 앞에 놓인 경제신문을 들고 집으로 들어오는 것이었다. 형광펜으로 돈이 될 정보에 줄을 치면서 읽어 보았다. 일부러 아침 수업과 오후 수업 사이에 비는 시간이 많게끔 시간표를 짜서 수업이 없는 동안은 도서관에서 살다시피 했다.

남들은 열람실에서 토익 공부에 열을 올릴 때 나는 재테크 공부에 열을 올렸다. 당시에 워런 버핏의 가치 투자에 대해서 읽은 후 감동에 취해서 혼자 독후감을 쓰는 일도 있었다.

이렇게 주식에 대한 감을 어느 정도 잡은 다음 증권회사에 가서 계좌를 개설했다. 그리고 집에 와서 HTS프로그램을 설치한 후 우량주와 가치주라고 판단한 회사의 주식을 매수했다. 1년이 넘자 수익률이 150%가 넘었다.

그러다 증권회사에서 주최하는 대학생 주식 모의투자가 있다는 사실을 알게 되었다. 대학생 주식 모의투자 대회는 정해진 기간 안에 가상의 전자화폐로 높은 수익률을 낸 우승자에게 상금을 주는 대회였다. 일단 대회에 참가하기 전에 시험 삼아 모의투자를 먼저 해보았다.

정해진 기간 안에 높은 수익률을 내보자고 도전을 했는데 결과는 대박이었다. 짧은 시간 안에 이뤄지는 만큼 수십 차례 사고팔고를 반복했다. 그리고 단 며칠 사이에 400% 이상의 수익률을 보았다. 이 모의투자가 끝나면 다른 증권회사에서 대학생 모의투자대회를 개최했을 때 무조건 참가해야겠다고 다짐했다. 내가 참여하면 우승은 내 것이라는 확신과 함께 말이다. 모의투자 경험을 한 이후, 나의 투자스타일은 중장기가 아닌 단기 투자로 바뀌었다.

도서관에서 읽는 책도 바뀌었다. 가치주를 매수해서 수익을 올려야 한다는 기본은 잃어버리고, 기술적 차트 분석에 관한 책만 쌓아놓고 단기 투자에 열을 올렸다. 하지만 모의투자와는 달리 이상하게도 자꾸만 돈을 잃는 게 아닌가.

나중에는 학교 수업마저 빠져가며 9시, 장이 시작하기 전에 컴퓨터 앞에 붙어 앉아 있는 지경까지 이르게 되었다. 단기 투자에서 수익을 많이 보기 위한 노력의 시간들이었지만, 상승폭과 하락폭이 큰 테마주, 유행주를 초 단위로 사고팔았는데 20분 만에 전 재산의 20%를 넘는 돈을 잃고 말았다. 누구에게나 돈은 특별하지만, 그 돈은 대학생이 되기 전까지 악착같이 모은 용돈과 대학교 입학 전 방학 때 온종일 서서 아르바이트를 하면서 모은 피 같은 돈이었다.

이렇게 돈을 잃고 나니 수업에 들어가도 수업 내용은 귀에 들리지 않고 잃은 돈 생각만 났다. 한창 수익률이 높았을 때 친구들에게 한턱냈던 돈도 아깝게 느껴졌다. 밥을 먹을 때도 배가 부르지 않고 속이 쓰렸다. 이 상실감을 어떻게 풀어야 할지 몰랐다. 그렇게 잃은 돈을 되찾고자 단기 투자에 더 매달리게 되었지만 어느 순간 수중에는 돈이 거의 남아 있지 않았다.

모의투자에 발을 들이면서 단기 투자가 몸에 습관처럼 배어 버렸고, 내가 단기 투자를 하면서 돈을 잃을 때마다 수수료를 받는 증권회사와 증권 거래세를 받는 정부가 웃고 있을 것만 같았다. 하지만 가장 큰 적은 바로 '나 자신'이었다. 처음 모의투자에 참여한 것도, 단기 투자를 한 것도 바로

'나'였다.

그래도 그때의 경험으로 정신 차린 걸 보면 그때 잃은 돈이 비싼 수업료는 아니었다고 생각한다. 이후로 다시 초심으로 돌아갔다. 예전처럼 신문을 읽으며 가치주를 찾아서 이성적 판단이 가능한 여유 자금으로 최소 3개월 이상을 보유하다가 내가 생각하는 수익률 이상이 되면 매도하였다. 그렇게 몇 년간 주식을 하다가 장이 안 좋아지면서 주식을 하지 않는 게 가장 큰 투자라는 생각으로 주식을 잠시 접었다.

사람들은 부푼 꿈을 안고 주식 계좌를 만들고 주식투자를 시작한다. 보통 주변에서 아는 사람의 '이 주식 사면 대박!'이라는 말에 혹해서 주식을 산다. 어떤 경우에는 매스컴에서 주식 전문가가 추천하는 주식 추천 종목을 사기도 한다.

산 다음 날 주가가 오른다. 그러면 앞으로 계속 오를 것 같은 기대감에 지난달 받은 보너스를 다 투자하고 쉬는 시간마다 휴대전화를 들여다보며 얼마나 올랐을까 계속 확인한다. 500만원을 투자하고 10%만 올라도 50만원을 공짜로 번다고 생각하니 콧노래가 절로 나온다. 그런데 기대와는 달리 주가가 내려간다. 500만원을 투자했는데 10% 하락하면 450만원이 남는다. 50만원이면 최소 1주일은 벌어야 하는 돈인데 점점 똥줄이 타기 시작한다. 목돈을 투자했을 때 흔히 일어나는 일이다.

투자금액이 500만원이면 그래도 다행이다. 전 재산을 투자한 사람도 있고 지렛대 효과를 꿈꾸며 대출까지 받아서 투자하는 사람도 있다. 하지만 이렇게 투자를 하면 사람인 이상 객관적인 투자를 하기 힘들어진다. 투자금이 몸이 부서져라 일하며 번 돈이기 때문이다. 조금이라도 주가가 하락하기 시작하면 정상적인 사고 자체가 안 된다. 돈 액수가 크면 더하다.

사람 심리상 주가가 내려가면 계속 떨어질 것 같고 주가가 오르면 계속 오를 것 같다. 걱정이 많아서 지금 일어나지도 않은 미래의 일에 수십만 원씩 보험을 넣는 게 사람인데 이렇게 주가에 민감하게 반응하는 건 어쩌면 당연한 일이다.

주가가 내려가기 시작하면 팔아버리고 다른 주식을 다시 산다. 다른 것도 또 떨어지면 팔아버리고 다른 주식을 다시 매수한다. 결국 '내가 사면 떨어지고 내가 팔면 오른다'는 결론에 도달한다. 근데 이 사실을 알게 되어도 같은 실수를 반복할 가능성이 크다. 잃은 돈을 만회해야 되니까.

주식 투자를 하는 사람 중 이런 사례도 있다. '손절매'라고 어느 정도 자기가 생각하는 선까지 떨어지면 손을 털고 나와야 하는데, 원금이라도 되찾을 심산으로 계속 보유하며 몇 년을 기다리는 사람들이다. 그러다가 원금이 회복되는 순간이 오면 기다렸다는 듯이 팔고는 '아, 원금이라도 건졌어' 하며 안도의 한숨을 쉰다. 그래도 이렇게 원금이라도 건지면 다행이지만 이와는 반대로 더 큰 손실을 볼 수도 있다.

주변에서는 주식으로 돈을 벌었다는 사람이 많다. 내 주변만 보더라도 아테네 신전이 따로 없다. '주식의 신'이라고 불리는 사람이 여럿 있다. 하지만 막상 데이터를 보면 돈을 번 개미투자자는 극소수다. 그런데 왜 주변에서 주식에 실패한 사람을 찾기 힘들까?

말을 안 하는 거다. 사람들은 성공의 경험은 자랑하지만, 실패의 경험은 숨긴다. 또 주가가 오른 주식을 현금화하지 않고 보유하고 있다가 주식이 내리면 그때야 소리 소문 없이 주식을 파는 경우도 많다.

자기가 산 주식이 올랐다고 해도 현금화하지 않았다면 그건 주식이 오른 게 아니다. 하지만 자기가 보유하고 있는 주식이 오르면 현금화하기도 전에 주가가 올랐다고 주변에 자랑하기 바쁘다. 심지어 주식이 올랐다는 이유로 주변 사람들에게 한턱내기까지 하는 감사한 분들도 있다.

그런데 단기적으로 수익을 본 사람이 있다고 해도 장기적으로 수익을 보기는 힘들다. 사는 주식마다 오른다고 무리하게 가정을 한다고 해도 주가가 오른 수익금으로 재투자하다 보면 어디선가 크게 하락하는 종목을 택할 수 있기 때문이다.

평소에 수익이 나더라도 초기 원금만으로 주식을 계속하자. 100만원으로 시작해서 150만원이 됐다면 50만원은 자유적금에 넣는 것이다. 그런데 주식으로 늘 수익이 나라는 법은 없다. 만약 100만원으로 시작했는데 50만원의 원금만 남았다면 50만원이 초기 원금이라 생각하고 주식을 하자. 잃은 돈에 미련을 두는 것은 투자의 걸림돌이 될 뿐이다.

나도 모의투자에서는 가상의 전자화폐로 주식을 사고팔아 성적이 좋았지만, 실전에서는 땀 흘려서 번 돈으로 주식을 하다 보니 이성적인 판단이 안 되었다. 과감한 투자를 하기 어려울뿐더러 투자를 한다고 해도 손실을 복구하고자 객관적인 투자를 하지 못했다. 주가가 올랐을 때는 팔아야 하는데 더 오를 것 같은 기대감으로 주식을 더 매수하고, 반대로 주가가 내렸을 때 주식을 사야 하는데 더 내릴 것 같은 불안감에 매도해버리니까 계속 손실만 났다.

주식시장은 금리처럼 올랐다가 내렸다가를 반복한다. 지금이 오르고 있는지 아니면 최고로 오른 시점인지 구분이 안 되고, 반대로 내릴 때는 앞으로 주가가 계속 내려가는 추세인지 아니면 주가가 바닥을 친 시점이라서 곧 반등할 것인지 구분이 되지 않는다. 차트로 기술적 분석을 할 때도 상승세인지 하향세인지 구별하기 어렵기는 마찬가지다.

그런데 생각해보면 기술적 분석의 기본 전제부터가 잘못됐다. 기술적 분석의 기본 전제는 과거 가격의 움직임으로 현재와 미래를 예측한다는 것인데 과거가 미래에 똑같이 일어날 확률이 과연 얼마나 될까? 우리가 역사를 잘 알고 있다고 해서 미래를 알 수 있을까. 싸게 사서 비싸게 팔아야 이익이 된다는 건 누구나 알고 있지만, 그 정확한 타이밍을 누가 알까. 아무도 알 수 없다.

그리고 실패의 원인 중 단기투자도 컸다. 단기투자였기 때문에 사고파는 시점을 판단하기가 거의 불가능했다. 만약 여유 자금으로 중장기투자를 했다면 시장 흐름에 개의치 않고 자신이 생각하는 어느 정도의 수익률이 났다고 생각하면 팔면 된다.

이렇게 장기적으로 주식을 보유하기 위해서는 일단 내가 직접 판단을 해서 선택한 주식이어야 한다. 내가 판단하기에 안전하고 성장성을 갖춘 가치주에 투자해야 중장기로 투자할 수 있다. 반면 남들이 추천하는 종목은 내가 분석해서 내 의지로 선택한 주식이 아니므로 중장기로 보유하기가 힘들다. 주가가 하락할 때마다 상승에 대한 의심이 커지고 불안감도 커진다. 그래서 결국에는 자신과의 심리전에서 질 수밖에 없다.

아내의 주식투자법은 다르다

저평가된 가치주를 찾아서 매수한 뒤, 주식이 제대로 된 평가를 받아서 주가가 올랐을 때 매도한다면 이익을 볼 수 있다. 그리고 우량주는 10년 뒤에도 사라지지 않을 회사로 안정적인 회사다. 제일 좋은 주식투자는 저평가된 우량주에 투자하는 것이다.

그런데 여기서 또 한 가지 걸림돌이 있다. 어떻게 저평가된 주식인 줄 알고, 우량주인 줄 알까. 전문가들이 말하는 가치주와 우량주라고 추천하는 종목도 정답은 아니다. 돈에 관해서는 아무도 믿어서는 안 된다. 주식 또한 마찬가지다. 작전주, 내부자 거래 등 이런 말들이 괜히 생겨난 게 아니다.

자신의 분야에서 최고인 사람들은 고급정보를 먼저 알고 투자해서 수익을 챙길 수 있다. 하지만 우리는 월급쟁이의 아내다. 고급정보를 알기란 거의 불가능하다. 대신 우리가 가진 강점이 있다. 바로 우리가 소비하는 품목들이다.

대한민국 아줌마의 지갑을 열게 할 정도의 제품이라면 대단한 가치를 가진 물건이다. 제품을 써보고 괜찮다는 생각이 들어 지속해서 제품을 구매한다면 나뿐만 아니라 다른 사람들도 그렇게 생각하고 소비할 가능성이 크다. 그러면 제품은 지속해서 판매될 것이고 그 제품을 만든 기업의 매출 또한 상승할 것이다.

장기투자로 돈을 번 사람들은 주식을 적금 넣듯이 매수한다. 자기가 직접 기업의 제품이나 서비스를 이용해보니 10년 뒤에는 몇 배로 성공하겠다는 확신이 들기 때문에 돈이 생길 때마다 투자하는 것이다.

계속 소비할 가치가 있다고 생각되는 제품을 살 때 제품 이름보다 기업의 이름을 잘 기억해두자. 그 제품은 의류가 될 수도 있고, 화장품이 될 수도 있고, 요리 도구가 될 수도 있다. 아니면 자주 가는 프랜차이즈 식당일 수도 있고 놀이동산일 수도 있다.

엄마들이 모여서 "여기 좋더라, 이 제품 좋더라"라고 할 때도 제품을 생산하는 기업의 이름을 찾아봐야 한다. 입소문이 퍼지기 시작했다는 건 앞으로 대중화될 가능성이 크다는 뜻이다.

이때 중요한 건 여유 자금으로 그 기업의 주식을 매수하는 것이다. 매수 후에는 자신과의 싸움이다. 나와의 심리전에서 승자가 되자. 만약 이길 자신이 없다면 주식투자를 하지 않는 것이 어쩌면 최고의 투자일 수도 있다.

4. 펀드, 온라인 채널에서 직접 가입하자

주식은 투자자 자신이 직접 투자할 기업을 찾는 직접 투자이고, 펀드는 투자 전문기관이 불특정 다수로부터 투자 기금을 모아서 대신 운용하는 간접 투자이다. 일단 직접 투자보다 알아야 할 지식이 적은 편이다. 그래서 본인이 신경 쓸 부분도 적다.

주식을 언제 팔고 언제 사야 할지, 세금은 어떻게 되는지, 어디에 얼마만큼 분산투자를 할 것인지에 대해서 고민할 필요가 없다. 가입 후 돈만 납입하면 나머지는 투자 전문기관이 대행해주고 대신 수수료를 받는다.

예전에 은행 업무 개시 시간에 맞춰서 은행에 방문한 적이 있다. 창구에서 괜찮은 펀드가 있는지 문의했더니, 지점장으로 보이는 사람이 나와서 이쪽으로 모시겠다고 했다. VIP실인지 지점장실인지는 모르겠으나

1:1로 지점장에게 펀드 상품에 대해서 듣게 되었다.

은행에 비치된 안내서에 적힌 펀드와 기존 펀드 상품에 대해서 하나하나 살펴보며 운용 규모는 얼마이고, 어디에서 운용하고 있는지, 자산구성이 어느 부분에 얼마큼의 비율로 투자가 이루어지고 있는지 물어보았다.

하지만 지점장은 안내서만 잔뜩 꺼내놓고 보여줄 뿐 제대로 아는 게 없었다. 답답한 마음에 그러면 추천하는 펀드가 있느냐고 묻자 안내서 중 세 개의 펀드를 추천해주었다. 펀드를 결정하기 전 이전 수익률을 안 볼 수 없었다. 그런데 충격적이었다.

한 펀드는 1년 수익률이 반 토막이 나 있었고, 어떤 펀드는 5년 수익률이 60% 이상 마이너스였고 최근 수익률 또한 좋지 않았다.

"펀드가 이렇게 연일 마이너스를 기록하고 있는데, 앞으로 오를 가능성이 있다고 생각하고 제게 추천해 주신 건가요?"

그는 눈치를 살피면서 말했다.

"미래의 일이다 보니 오를 가능성은 정확히 말씀드리기는 어렵습니다. 아마 오를 수도 있고 내릴 수도 있지 않을까요? 그런데… 어디서 나오셨어요?"

이 은행 관계자들은 나를 '펀드 미스터리 쇼퍼'로 오해한 모양이다. 펀드 미스터리 쇼퍼는 일종의 암행어사라고 보면 된다. 금융감독원에서 주관하고 있고, 건전한 판매 관행 정착 및 투자자 보호를 위한 목적으로 시행되고 있다. 은행 문을 열자마자 정장을 입은 여성이 대뜸 펀드 설명에 대해서 들으려 하니 오해할 법도 하다.

아니라고 몇 번이나 말했지만, 차트를 보여주는 중간중간에도 "진짜 아니에요?" 하고 연신 물어보았다. 추천하는 펀드를 보면서 가입할 만한 건 하나도 없었다. 결국 생각해보고 나중에 다시 오겠다고 말하며 발걸음을 돌렸다.

당시 은행에 갔던 때가 2012년. 2009년 이후 코스피지수가 연일 상승세에 있을 때였다. 어떻게 펀드를 구성해서 운영했기에 수익률이 저렇게 낮을 수 있을지 의문이 들었다. 무엇보다 그런 펀드를 내게 추천한 지점장의 저의가 궁금했다.

오프라인 판매 채널을 통해서 펀드에 가입할 때가 온라인으로 펀드에 가입하는 것보다 수익률이 낮다. 펀드를 판매하는 금융사 직원으로서는 고객에게 높은 수익률을 안겨줄 상품보다 판매보수가 높은 상품을 판매하는 게 유리하기 때문이다. 한마디로 지점장이 내게 추천해 준 것은 수익률이 날 펀드가 아니라 판매 보수가 높은 펀드를 추천했을 가능성이 크다. 미스터리 쇼퍼로 오해하는 상황에서도 그런 펀드를 추천했으니 평소때는 더하면 더했지 덜하지는 않을 것이다.

판매하는 사람들의 처지를 바꿔서 생각해보면 이해는 간다. 창구에서 펀드에 가입하는 고객이 친인척이 아닌 이상, 자신에게 떨어질 수수료가 많은 상품을 추천하는 건 어쩌면 당연한 일이다.

여기서 한 가지 의문이 든다. '상품을 판매하는 본인도 권유하는 상품에 가입했을까?' 아마 그렇지 않을 가능성이 크다. 진짜 돈이 되는 고급 정보이고 돈 되는 펀드라면 나만 알고 있고 싶지, 누군가에게 알려주고 싶을까. 나 같아도 그런 고급정보는 나만 알고 싶겠다.

은행이든 증권회사든 갈 때마다 상품 하나씩은 가입하는 귀 얇은 사람들이 적지 않다. 그런데 펀드를 평가할 수 있는 사람이 몇 명이나 될까. 수많은 펀드의 도표를 보고 있노라면 내 눈도 도표를 따라서 빙빙 도는 느낌이다. 수익률을 좇아서 가입해 보지만, 이전의 수익률이 가입 후에 수익률을 보장해 주지는 않는다.

그렇다고 펀드의 평가 능력을 키우고자 시간과 노력을 투자하려고 한다면 차라리 그 열정으로 직접 투자를 하는 게 낫다.

펀드에 가입할 때 일단은 운용 설정액이 높은 펀드에 가입하는 편이 좋다. 설정액이 낮은 자투리 펀드는 일단 매니저가 운용 자체를 잘 안 하는 경우가 있다. 펀드 매니저 한 명이 하나의 펀드만 운용하고 관리하는 게 아니다. 많게는 10개가 넘는 펀드를 관리하는 펀드매니저도 있다. 상황이 이렇다 보니 설정액이 큰 펀드에 펀드 매니저의 손이 많이 가는 게 현실이다. 그리고 오프라인 채널을 통해 가입하기보다는 온라인 채널을 통해서 가입하는 게 판매사에 당할 확률도 낮고 수수료 면에서도 이득이다.

같은 종목을 같은 방식으로 운영하는데도 오프라인과 온라인 어디에서 가입했느냐에 따라서 수익률이 다르다. 판매사에서 떼 가는 수수료가 있기 때문이다.

장기투자, 적립식 투자가 진짜 답일까?

8~9년 전 브릭스 펀드붐이었다. 브릭스 펀드란, 브라질, 러시아, 인도, 중국 등 신흥 4개국의 영문 이름(BRICs)을 따서 만든 펀드다. 빠르게 성장하는 네 나라에 투자해서 높은 수익률을 얻는 것이다. 당시 돈을 벌고 싶은 사람이라면 하루라도 빨리 가입해야 할 펀드로 인식되었다.

하지만 난 남들이 너도나도 앞다투어 사는 때는 절대 발을 들여놓으면 안 된다고 생각했기 때문에 가입하지 않았다. 하지만 당시 브릭스 펀드에 가입하지 않았다고 하자, 주변 사람들은 나를 대세를 모르는 바보 정도로 보기까지 했으니 브릭스 펀드의 인기가 어느 정도였는지 실감할 수 있었다.

그랬던 브릭스 펀드가 지금 얼마의 수익을 내고 있을까? 결론부터 말하자면 브릭스라는 용어를 만든 자산 운용사조차도 5년간 -20%대의 손실과 운용자산 80% 이상 급감이라는 결과로 펀드 자체를 폐쇄하고 이 펀드의 자산을 다른 펀드와 통합하였다. 손실이 워낙 커서 더는 회복의 기미를 찾을 수 없기 때문이었다. 브릭스 펀드를 운용하는 다른 자산운용사도 상황은 마찬가지다. 수익률이 -30%대에 달하는 곳도 있다. 수익률이 반짝 올랐을 때 브릭스 펀드에 가입한 사람들은 이보다 더 큰 손해를 보았을 것이다.

브릭스 펀드로 초반에 수익을 낸 사람도 있겠지만 그렇지 않은 사람도 있을 것이다. 처음 막연한 기대를 하고 펀드에 가입한 사람들은 수익률이 내릴 때마다 언젠가는 오르겠지, 장기적으로 보자고 자신을 위로하며 펀드를 가지고 있었을 것이다. 그리고 수익률이 더 내렸을 때도 다시 오르면 지금 사는 게 싸게 사는 거니까 이득일 거란 생각으로 적금을 들듯이 적립식 투자를 했을 것이다. 하지만 결과는?

브릭스 펀드만 이런 것은 아니다. 현시점에서 볼 때, 어떤 브라질 펀드의 경우 5년 수익률이 -70%를 기록하기도 했다. 중국 펀드도 상황은 마찬가지다. 중국 펀드도 돈을 벌고 싶으면 무조건 가입해야 하는 펀드로 불리던 때가 있었지만, 지금은 고전을 면치 못하고 있다. 해외 펀드뿐만 아니라 국내 펀드 중에서도 수익률이 반 토막 난 펀드도 많다.

펀드에 적금을 넣듯이 적립식으로 장기투자를 하면 금리보다 높은 수익률을 낸다고 생각하는 사람들이 많다. 심지어 펀드에 투자만 해도 무조건 수익이 난다고 오해하는 사람도 있다. 그도 그럴 것이 수많은 재테크 책에서조차도 그렇게 떠들어대고 있다.

나도 이전에는 책에서 말하는 것처럼 적립식 투자와 장기투자를 하면 당연히 높은 수익률이 난다고 믿었었던 때가 있었다. 하지만 적립식 투자라고 무조건 높은 수익률을 보장받을 수 있는 건 아니다. 펀드가 계속 하락세인데 적립식으로 투자한답시고 매월 월급날마다 돈을 넣으면 뭐하나, 계속 마이너스로 수익률이 내려가는 펀드의 경우라면 수익은커녕 손해 금액만 커진다.

그리고 적립식으로 매입하면 내가 오를 때 샀는지 내릴 때 샀는지 알수가 없으니 매매 시점에 위험이 분산되는 효과가 있다고 생각할 수도 있지만 모름지기 '투자란 싸게 사서 비싸게 팔아야 이득'이다. 나눠서 사지 말고 돈을 가지고 있다가 수익률이 낮을 때 사서 수익률이 높을 때 팔아야 한다. 그러려면 펀드에 가입해서 돈만 따박따박 넣을 게 아니라, 직접 투자만큼은 아니더라도 매스컴을 통해서 시장 상황과 여러 가지 경제 요인들이 어떻게 돌아가는지 추세 정도는 파악하고 있어야 한다.

장기투자도 마찬가지다. 장기투자라고 높은 수익률을 보장하지는 않는다. 재형저축과 재형펀드가 처음 출시되었을 때 나는 재형펀드에 가입하여 목돈을 납입한 후, 이후 적금 넣듯이 돈을 납입했다. 창구 앞에 있던 안내책자도 결정에 한몫하였다. 안내책자에는 재형펀드가 재형저축보다 수익률이 1~2% 더 높게 적혀 있었다. 물론 원금 손실이 있다는 사실을 알면서도 순간 혹한 내가 잘못이다.

재형펀드인 만큼 운용액도 클 것이고, 비과세 혜택을 받기 위해서 7년 뒤 만기까지 가지고 가면 장기투자도 가능했기 때문에 일거양득이라고 생각했다. 하지만 최근 은행에 방문해서 재형펀드 평균수익률이 4% 초반대임을 알게 되었다. 은행 직원은 진짜 잘 가입했다고 상품 선택에 대해 칭찬의 말을 아끼지 않았다.

그런데 과연 잘 가입한 게 맞을까? 만약 재형저축에 이 돈을 넣었더라면 3년간 4.5%의 확정 금리로 이자를 받을 수 있었을 것이다. 그래서 현재 시점에서 봤을 때 초반 적립금액이 많은 나로서는 재형저축보다 재형펀드에 가입한 것이 손해일지 모른다. 물론 정확한 차이는 따져봐야 알수 있다. 왜냐하면 펀드 수익률과 적금의 금리는 다르기 때문이다.

예를 들어 예금 금리와 적금 금리가 같더라도 이자는 다르다. 첫 번째 불입금은 예치기간이 12개월이기에 정해진 금리로 이자를 받지만, 다음 횟수 불입금부터는 예치기간이 12개월에 못 미치기 때문에 이자가 그만큼 줄어들기 때문이다. 쉽게 말해 예금과 적금 금리가 2%로 같더라도 예금의 수익률은 2%이지만 적금의 수익률은 1%밖에 되지 않는다.

신문을 보거나 금융회사 입구에 비치된 카탈로그만 보더라도 높은 수익률의 펀드 상품을 열거해놓고 광고를 한다. 앞서 말했듯이 지난 수익률이 앞으로의 수익률을 대변하지는 못한다. 그만큼 수익률이 많이 오른 펀드라면 지금은 들어갈 시기가 아니라 손을 떼고 나와야 할 시기일 가능성이 크다.

빛이 있으면 어둠이 있듯이 오르는 펀드가 있으면 내리는 펀드도 있다. 이 중 어떤 펀드를 택하게 될지는 아무도 모른다.

펀드도 주식과 같은 투자다. 주가가 오를 만한 이유가 있는 주식을 사야 장기투자를 할수록 수익률이 높이 올라간다. 반대로 주가가 오를 이유가 없는 주식을 사서 장기로 가지고 간다면 시간이 지날수록 주가는 더 내려가고 손해만 커진다.

펀드는 기관이 대행해주는 만큼 나의 투자금이 어디에서 어떻게 투자가 되고 있는지 정확히 알 수가 없다. 위에 언급했던 브릭스 펀드와 같이 영문도 모른채 마이너스 수익률을 기록하는 펀드를 계속 손에 쥐고 있다가는 원금까지 손해를 보고 환매해야 하는 경우가 생길 수 있다.

이렇게 정보를 모르기 때문에 계속 보유할 것인지 아니면 환매할 것인지에 대해서 오히려 주식보다도 판단하기가 어렵다. 그래서 여유가 된다면 수수료가 높은 펀드보다는 차라리 직접 투자방법인 주식을 권하고 싶다. 나 역시 아이가 자라 후 시간적 여유가 생기면 직접 투자를 다시 할 예정이다.

하지만 주식보다 아니, 그 무엇보다도 안전하고 확실한 무위험 고수익의 투자방법이 있다. 가장 빠르게 돈을 버는 방법임과 동시에 가장 오랫동안 돈을 벌 수도 있다. 거기에다가 미래에는 더 큰 수익을 낼 수도 있다. 그러나 위험은 전혀 없다. 가치가 올라가기는 해도 줄어들지는 않는다. 즉, 손해 볼 일이 절대 없다는 뜻이다. 그리고 외부환경의 변화와 관계없이 내 의지대로 통제할 수 있다.

이 방법은 자신에 대한 투자, 바로 '자기계발'이다. 자기계발을 꾸준히 하면 취업이나 승진 혹은 높은 연봉을 받으며 이직이 가능하다. 소득 자체를 늘림으로써 모을 수 있는 돈도 늘어난다. 그뿐이랴. 은퇴 준비의 길까지 활짝 열어준다. 최선의 은퇴계획은 은퇴 후에 쓸 돈을 연금으로 준비해 두는 게 아니라 '은퇴하지 않는 것'이다. 회사에서 퇴직하지 말라는 뜻이 아니다. 퇴직 후에도 제2의 직업을 준비해야 한다는 뜻이다. 그리고 그 준비를 가능하게 하는 것은 자기계발뿐이다.

끊임없이 자신을 담금질하고 두드려라. 그러면 시시각각 변하는 세상에 나를 지켜주는 가장 강력한 무기가 될 것이다. 단언하건대, 최고의 재테크는 자기계발이다. 그래서 나는 돈이 없어도 재테크를 한다.

Part2.
엄마의 꿈

Chapter 1
엄마의 공부 시간

1. 아이의 수면 시간은 엄마의 공부 시간이다

　재테크를 위해서 자기계발은 중요하다. 하지만 그보다 자기계발을 해야 할 더 큰 이유가 있다. 자기계발이 바로 꿈을 되찾는 유일한 길이기 때문이다.

　나이 들어서 자식을 위해 내 삶을 희생했다는 생각을 하고 싶지 않다. '내가 누구 때문에 이렇게 살았는데……' 라는 원망은 더더욱 하기 싫다. 아이를 낳는 건 아이의 선택이 아니라 엄마인 나의 선택이다. 아이가 잘 자랄 수 있도록 엄마의 역할을 다하는 것은 희생이 아니라 내 선택에 대해 책임을 지는 것뿐이다.

　그런데 아이를 키우는 동안 육아만으로 시간을 보내면, 아이에게 엄마가 덜 필요한 시기가 왔을 때 나는 아무것도 할 수 없을 것 같았다. 아니면 아이의 교육비를 충당하기 위해 원하지 않는 일을 하면서 여생을 보내야 될 것만 같았다.

나는 나를 위해서도 그렇고 아이에게도 그런 모습을 보여주고 싶지 않다. 아이는 부모의 뒷모습을 보고 자란다. 부모가 꿈을 위해서 행복하게 사는 모습을 보여준다면 아이도 어른이 되었을 때 부모처럼 자신이 원하는 일을 하면서 행복하게 살 가능성이 크다.

이 때문에 육아와 자기계발의 병행은 선택이 아니라 필수다. 하지만 생각과는 달리 내 시간 자체를 가지기가 힘들었다. 이 일이 있기 전까지는.

스탠드 불빛 주변으로 어둠이 짙게 깔린 밤이었다. 배가 고파서 넘어갈 듯 울어대는 아기를 안아 들고 급히 젖을 물렸다. 벌써 며칠째 숙면 한 번 취해본 적 없는 내 모습은 굳이 거울을 보지 않아도 어떤 모습일지 짐작이 갔다. 며칠째 못 감은 머리는 멀리서 보면 방금 머리를 감고 나온 것처럼 기름이 줄줄 흐르고 아이를 낳은 후 늘어난 뱃살은 돌아올 기미가 없었다. 이런 내 모습을 상상하며 아기를 바라보았다. 어두워서 잘 보이지는 않지만 태어난 후 처음으로 안았던 때보다 무척 많이 컸다는 걸 한눈에 알 수 있었다.

불현듯 '아이가 이렇게 성장하는 동안 내 삶은 녹슬어가는구나'라는 생각이 들었다. 눈물이 왈칵 쏟아져 나왔다. 그렇게 며칠을 멍하니 보낸 것 같다.

우는 아이를 안고 창밖을 바라보며 결혼 전 혼자 여행 갔던 곳의 풍경을 그려 보았다. 구름 한 점 없는 파란 하늘, 끝없이 펼쳐진 초원, 완벽하게 자유롭다고 생각하던 그때를 추억했다. '하고 싶은 것도 많았고 꿈꾸 듯이 하루를 살던 그때로 돌아갈 수 있다면 어떨까?' 하는 몽상에도 빠져 보고 말이다.

그러다가 문득 생각이 떠올랐다.

"내 인생 중 가장 젊은 날은 지금이야. 분명 10년 후, 20년 후에는 지금 을 추억하고 '그때로 돌아갈 수 있다면'이라고 똑같은 생각을 하겠지."

그때 결심했다. 아이가 성장하는 동안 나도 같이 성장하기로.

예전부터 힘이 들 때면 마음을 다잡기 위해서 자기계발서를 찾아서 읽 었다. 이번에도 예외는 아니었다. 다음날 자기계발서를 빌려야겠다고 생 각했다. 그런데 주부를 위한 자기계발서는 없었다. 취업준비생이나 대부 분 직장인을 위한 책들뿐이었다.

일단 집 근처 도서관 앱으로 검색되는 책 중에 괜찮아 보이는 것을 캡 처해 두었다. 모유 수유가 끝나는 대로 대충 옷을 챙겨 입고 아이도 옷을 입혔다. 만일에 대비하여 아기 기저귀 몇 개와 가제 수건, 물티슈를 가방 에 챙겨 넣고 도서관으로 향했다. 아기 상태가 그나마 괜찮은 수유 후에 바로 준비하고 나가야 아기가 도서관에서 우는 불상사가 없을 것 같았다. 귀가 시간은 다음 수유 전까지로 정했다.

이때 처음으로 아기띠를 사용했다. 혹시나 아기 목에 무리가 갈까봐 한 손으로 아기 목을 받치고 책을 골랐다. 다행히 아기는 울지 않았고 빌린 책을 가방에 챙겨 넣고 순조롭게 집으로 돌아올 수 있었다. 하지만 책을 빌려 오는 중에 '아기 때문에 책을 반납일까지 한 권이라도 읽을 수 있을까?' 하는 의심이 들었다.

아기가 잠든 후 그 옆에 앉아서 빌린 책을 한 권 집어 들었다. 출산 후에 처음 책을 읽어서 그런지 더 몰입되었다. 하지만 자기계발서의 내용은 지금 내 현실과는 너무 동떨어져 있었다. 괜히 괴리감만 더 커졌다. 근데 한 가지 이상했다.

책 한 권을 읽는 동안 아기가 깊이 잠들었는지 곤히 잘 자는 것이 아닌가. 지금까지 단 한 번도 없었던 일이었다. 예정 수유 시간이 2시간이나 지난 다음에야 울음을 터뜨렸다. 거기다 모유 수유 후 아기를 옆에 눕혔는데 밤잠 잘 때처럼 다시 잠이 드는 게 아닌가. 정말 신기한 일이었다.

아기는 자면서도 중간중간 눈을 떠서 주변을 살펴보다 내가 있는 걸 확인하고는 다시 잠들기를 반복했다. 평소 같았으면 2시간 남짓 자고 일어났을 텐데 그날은 수유 시간을 포함해서 6시간 동안을 내리 잤다. 낮잠을 많이 자서 밤잠을 설치는 게 아닐까 우려했지만, 밤잠도 잘 자 주었다. 흡사 오랜 시간을 못 자다가 이날 몰아서 자는 것처럼 느껴졌다.

평소 나는 내 움직임에 아기가 깰까봐 아기를 재워놓고 거실로 나왔다. 그리고 밀린 집안일을 하다 보면 내 시간을 가질 수가 없었다. 집안일을 하며 종종 아기가 자는 모습을 문틈으로 확인했다. 그런데도 늘 얼마 지나지 않아 아기가 일어나 울음을 터뜨렸다.

그런데 한 번은 거실에서 아기를 재워서 눕혀 놓고 아기 옆을 지키던 때가 있었다. 아기가 갑자기 눈을 떠서 주변을 살피기에 오늘도 역시 누워서 재우는 건 실패인가 하며 망연자실했었다. 하지만 아기는 이내 눈을 감고 다시 잠이 드는 게 아닌가. 이렇게 생각하니 아기가 잘 자는 게 우연의 일치가 아닌 것 같았다. 친정엄마에게 전화해서 아기가 내가 옆에 있는 걸 확인하면 다시 눈 감고 잔다고 말씀드리니 말도 안 되는 소리 하지 말라고 하셨다. 그러나 곧 말도 안 되는 일이 사실임을 알게 된다.

다음 날부터 아이가 자면 그 옆에서 책을 읽었다. 자기계발서와 함께 빌려온 육아서였다. 잠든 아기의 얼굴을 바라보며 육아서를 읽으니 이전에 불안감들이 조금 나아지는 느낌이었다. 아기는 한 번씩 눈을 떠서 주변을 살폈고 내가 있는 걸 확인하고서는 다시 잠이 들었다. 처음에는 눈을 뜨는 주기가 짧았었는데 점점 늘어났다.

주변에서는 아기 양팔과 가슴을 베개로 눌러주면 엄마가 있는 줄 알고 잘 잔다고 하는데 우리 아이는 베개를 올려놔도 꼭 한 번씩 눈을 떠서 두리번거렸다. 혹시나 내가 잠시라도 화장실에 간 사이에는 거실에 배밀이를 하며 울면서 나왔었다.

이후로도 아이가 자는 동안 그 옆에서 책을 읽다가 잠시 화장실이라도 간 사이, 아이가 눈을 떠서 내가 없는 것을 알아차리면 입 크기가 얼굴의 반이 될 정도로 으앙 하고 울면서 걸어나온다. 그리고는 원래 잤어야 할 시간까지 잠투정하면서 계속 운다. 이때는 아이에게 혼을 뺏기는 느낌이다. 이 사실은 내게 너무 놀라운 일이었다. 세상에, 나 없이는 잠도 못 자는 남자가 생길 줄이야. 하지만 다시 생각해보니 아이가 나 없이 잠을 못 자는 건 어찌 보면 당연한 일이었다.

어릴 적 나는 엄마의 큰 손을 잡고 걷다가 문득 고개를 들어서 엄마의 얼굴을 보았다. 어린 내 눈에 비친 엄마는 하늘보다 더 큰 세상, 그 자체였다. 엄마의 얼굴을 보는 것만으로도 괜스레 기분이 좋아져서 엄마의 손을 잡은 쪽 팔을 신나게 흔들며 걸었다.

지금 엄마의 손은 나보다 작아지셨다. 어른이 되어서야 엄마의 키가 그리 크지 않다는 사실도 알았다. 하지만 여전히 엄마는 내게 없어서는 안 될 소중한 존재다.

그런데 내 아이는 그때의 나보다도 더 어리고 여린 존재다. 엄마가 잠시라도 보이지 않으면 아이는 세상을 잃은 느낌일 것이다. 그러니 자다가도 눈을 떠서 엄마가 있는지 확인하고 엄마가 보이면 다시 잠이 드는 것이겠지. 그런데 나 역시 마찬가지다. 집에 같이 있는데도 잠시라도 아이가 눈에 보이지 않으면 집안일을 하다가도 아이를 찾아다니기 바쁘다. 이래서 엄마와 자식 간에는 보이지 않는 끈이 있다고 하는 것 같다.

이렇게 아기 곁에서 책을 읽는 동안 많은 변화가 있었다. 처음에는 도서관에서 몇 권의 책을 빌려와서 읽었지만, 아기가 자는 시간이 적지 않다는 걸 깨닫고 무모한 도전을 감행했다. 지금에야 전혀 무모한 도전이 아니라는 걸 안다. 아이가 자는 시간에 이전부터 해보고 싶었던 공인중개사 자격증을 따기로 결심한 것이다.

2 아기를 키우며
공인중개사에 합격한 노하우

추후 아이의 공부상으로 쓸 수 있는 높낮이 다리 조절이 가능한 공부상과 독서대를 준비하자. 독서대에 책을 꽂아 올려두고 봐야 아이를 낳고 가뜩이나 안 좋은 목관절과 손목관절이 고생을 안 한다.

공인중개사 시험은 1년에 딱 한 번뿐이다. 시험은 1차, 2차로 나뉘는데 한 번에 1, 2차를 동시에 응시할 수도 있었지만 나는 육아와 공부를 병행해야 했기에 1차에 먼저 응시 후 다음 해에 2차에 도전하기로 했다. 당시 1차 시험일까지 4개월의 시간이 남아 있었다.

아이를 키우다 보니 공부할 수 있는 시간이 한정적이었다. 그래서 학원은 처음부터 생각조차 안 했고 인터넷강의를 들어도 어차피 공부는 나 스스로 또 해야 하니 책으로만 공부하기로 했다. 제일 먼저 한 게 책을 주문한 후 목차를 보면서 최소 읽어야 할 하루 목표량을 세우는 것이었다. 그리고 만화로 된 책을 보고 전반적으로 이해해 나갔다. 그다음 기출 문제를 풀었는데 모두 처음 보는 내용같이 느껴졌다. 이대로 시험을 친다면 불합격은 불 보듯 뻔했다.

1. 책 목차 보면서 하루 목표량 세우기
2. 만화로 된 이론서 보면서 전반적인 이해
3. 기출문제 풀기
4. 기본서 정독(사실 3번과 4번의 순서가 바뀌었어야 했다.)
5. 틀린 기출문제 오답 체크

그래서 시험 3주 전에 부랴부랴 기본서를 구매해서 처음부터 끝까지 정독했다. 그리고 틀렸었던 기출문제를 다시 한 번 보고 시험장으로 향했다. 1차의 경우 2과목이라서 가능했었다. 시험 당일 시험을 마치고 집에 돌아온 뒤 오후 5시가 넘어서 가답안이 나왔다. 반쯤 포기하고 갔었는데 시험지를 매겨보니 합격이었다.

이후 합격 발표일까지 공부는 잠시 쉬기로 했다. 대신 평소에 읽지 못했던 책들을 빌려와 읽었는데도 늘 마음이 불안했다. 아기가 자는 동안 공부하던 내 습관이 흐지부지될까봐 걱정이 되어서였다. 시간은 생각보다 빠르게 지나갔다. 어느새 합격 발표일이 되었다.

하지만 공교롭게도 시험 합격발표보다 남편이 다니는 회사가 다른 기업에 매각되었다는 소식을 먼저 듣게 되었다. 하루아침에 어제와 오늘 다른 회사의 직원이 된 것이다. 나로서 가장 먼저 걱정되는 건 구조조정이었다. 매각되었다고 바로 구조조정을 하지는 않겠지만, 차후에 어떻게 될지는 아무도 모를 일이었다.

소식을 접한 뒤 남편의 수입과 월평균 지출 내용이 머릿속에 그려졌다. 당장 내가 뭘 할 수 있는가에 대해 생각해봤지만, 불행히도 난 가계 지출을 감당할 수 있는 능력이 없었다.

이 소식을 접하고 1시간 뒤쯤에 합격자 발표가 났다. 가답안을 매긴 때와 같은 결과였다. 그런데 기쁨보다는 '1차와 2차를 같이 준비해서 합격했더라면 지금 당장 내가 뭐라도 할 수 있지 않았을까?'라는 생각이 들었다. 물론 노력조차 하지 않고 요행을 바라는 건 잘못된 일이지만 그땐 그런 생각이 들 정도로 간절했었다. 이전까지는 공부의 목적이 나의 자존감 회복을 위한 낭만적인 도전이었다면 이후부터는 남편이 1년만 더 버텨주기를 바라며 현실적으로 가계를 책임질 수 있는 능력을 키워야 했다. 남편이 힘들 때는 아내가 경제적인 부분을 책임지는 게 당연하다.

1차는 운이었을지 몰라도 2차는 달랐다. 먼저 1차는 책이 2권에 불과했지만 2차에서는 책이 4권이었다. 특히나 2차 과목 중 공법은 다른 과목보다 2배 정도 양이 많았고, 내용도 어려워서 부담이 더 컸다. '그래도 차근차근 읽다 보면 뭐가 되도 되겠지'라는 마음으로 그냥 무작정 읽기로 했다.

1차 때와 마찬가지로 책을 주문한 후 목표량을 정했다. 먼저 4권의 기본서를 다음 해 시험일까지 3번은 정독한다는 생각으로 목차에 나와 있는 총 단원을 날짜 수만큼 나눠보니 하루에 3절은 읽어야 했다. 목표 설정 후 아이가 자는 시간에 휴대전화를 무음으로 해놓고 다른 건 일절 하지 않은 채 책만 읽었다. 처음에 책을 읽어보니 생각보다 내용이 훨씬 어려웠다. 하지만 무조건 읽어보자는 생각으로 계획한 목표량 이상으로 책을 읽어갔다.

사실 성공이란 게 별것 아니다. 하루하루 설정한 목표를 달성하면 그 작은 성공들이 모여서 나중에 큰 성공이 된다. 작은 목표를 이뤄가며 어제보다 오늘 더 성장해나갔다. 생각보다 진도가 빨리 나갔다. 1월 초까지 만화로 된 책을 다 읽고 난 후, 기본서 중 두께가 얇은 책 2권, 나머지 책들을 읽기까지 각 한 달씩 걸렸다. 4월 초가 되니 4권의 기본서를 1회독할 수 있었다. 이때 중요한 것은 소설책을 보듯이 가볍게 읽는 것이다.

이후 문제 유형을 익히고자 기출문제집을 사서 8회분 중 4회분을 풀었다. 2주 정도의 시간이 걸렸다. 그리고 다시 기본서를 읽었는데 처음 1회독을 할 때 3개월 정도의 시간이 걸렸다면 2회독은 2개월 정도의 시간이 걸렸다.

그리고 예상문제집 4권을 추가로 구매하여 2개월 동안 문제만 풀었다. 외워야만 풀 수 있는 문제의 내용은 따로 A4용지에 적어서 싱크대 상부장에 붙였는데, 나중에는 상부장에 붙일 자리가 없었다. 이렇게 상부장에

A4용지를 붙인 이유는 설거지할 때마다 틈틈이 보면서 눈으로 익히기 위해서였다.

마지막으로 기본서 3회독도 2개월에 걸쳐 마쳤다. 이때는 단어 하나하나의 의미를 생각하며 자세히 읽었다. 3회독을 마치고 나니 전반적인 책의 내용을 이해했다는 자신감이 붙었다. 시험일까지 남은 시간은 오답 정리와 나머지 4회분의 기출문제를 보며 보냈다. 마지막 시험 전 주는 1분에 1문제씩 문제 푸는 연습을 하며 시간 조절 연습을 했다.

1차를 붙는 데까지 4개월, 다음 해 남은 2차 시험일자까지 1년. 시험 합격까지 총 1년 4개월이란 시간이 걸렸다.

시험 당일이 되었다. 시험을 다 풀고 OMR카드에 답을 표시했다. 그리고 다시 한 번 시험지를 더 확인해보고 시계를 보았다. 시험 시간이 2시간 30분이었는데 1시간이 남아있었다. 헷갈리는 문제는 버리고 아는 문제를 틀리지 않도록 풀어서 그런 것 같다. 이후 시험이 끝난 후 집에 돌아와서 가답안을 보며 시험지를 매겨보니 4과목을 평균 80점으로 합격했다.

시험지를 매기고 난 후, 아이를 키우며 설과 추석, 이틀을 제외하고 하루도 빠짐없이 3시간 이상 공부해왔던 지난 시간이 주마등처럼 지나갔다.

3. 공부 중 슬럼프가 올 때

공부하기 시작한 초반에 '피곤한데 오늘만 좀 쉴까?'라는 생각이 들 때마다 시험 당일을 그려 보았다. 알랑말랑한 헷갈리는 문제들을 보면서 시험을 끝내고 오후 5시에 인터넷에 올라온 가답안을 보면서 채점을 한다. 시험점수는 59점, 1점 차이로 떨어져서 좌절하는 모습을 상상하자 다시 책을 잡을 수밖에 없었다.

시험일에 가까워져 올수록 합격 후의 내 모습을 생각했다. 아이를 키운 후에 운동해서 다시 처녀 때처럼 날씬한 몸매로 돌아가 세련된 정장을 입고 내 일에 자부심을 느끼며 일하는 모습은 상상만으로 짜릿했다.

후반기로 갈수록 '이 정도면 합격하지 않을까?'는 생각이 들었지만 이렇게 태만하다가는 정작 시험 난이도가 어렵게 나오기라도 하면 시험에 떨어질 것 같아서 정신을 더 바짝 차렸다.

공부하면서 힘들지 않은 순간이 왜 없었을까. 포기하고 싶을 때도 있었다. 하지만 합격과 불합격은 1점 차이로 결정된다. 1점 차이로 떨어지면 지금까지 공부하기 위해서 포기한 모든 것들이 수포로 돌아갔다. 육아하면서 낮잠 한 번 푹 자본 적 없이 악착같이 버텼는데, 그 시간이 아무것도 아닌 게 되어 버린다.

공부할 시간을 확보하기 위해서는 포기해야 할 게 많다. 아이가 자는 동안 낮잠은 물론이거니와 인터넷 서핑도 하지 못하고, 친구들과 문자도 주고받을 여유가 없다. 고작 10분이란 시간이 공부에서는 결코 짧은 시간이 아니다. 10분이면 최소 책을 2~3장은 읽을 수 있다. 무엇인가를 얻으려면 포기해야 하는 게 있기 마련이다.

물론 자격증이 있다고 해서 미래가 많이 바뀌지 않을 수도 있다. 하지만 공부를 하는 그 순간만큼은 내가 살아있는 느낌이었다. 공부하는 동안 자격증 취득 후에 예전부터 하고 싶었던 일을 꿈꿀 수 있었다. 이렇게 미래를 꿈꿀 수 있다는 것 자체만으로 내게 공부는 공부 그 이상의 의미였다. 내 시간을 갖게 되면서 불안감을 떨치니 오히려 육아가 즐겁기까지 했다. 그리고 무엇보다 아이와 함께하는 시간을 36개월이라고 정해놓으니 아이와 함께하는 시간이 너무 소중하게 느껴졌다. 그리고 다시 오지 않을 나와 아이와의 순간들을 온전히 즐길 수 있게 되었다.

만약 육아도 힘든데 공부까지 하면 더 힘들지 않겠느냐고 묻는 사람이 있다면 역으로 묻고 싶다. 육아보다 더 힘든 걸 하면 오히려 육아가 쉽게 느껴지지 않겠느냐고.

단, 공부할 때 주의해야 할 점이 있다. 절대 무리하게 하루에 많은 양의 공부를 해서는 안 된다. 아이가 잠들면 책을 잡고 아기가 깨면 책을 덮자. 아이가 깬 후에는 육아에만 집중하자. 그리고 밤에 아이를 재우고 잠들기 전 눈을 감고 그날 공부한 내용을 다시 한 번 되짚어만 보자. 기억이 안 나는 부분은 다음 날 아이가 잘 때 다시 확인하면 된다.

하루 공부양을 무리하게 잡으면 육아와 공부를 병행하기 힘들어진다. 우리는 엄마이기 때문에 조금 무리하게 공부하면 다음 날 몸살이 날 수 있다. 엄마들은 쉴 수 있는 시간이 없어서 몸살이 나도 잘 낫지 않는다. 그러면 몸이 낫기까지 최소 일주일간 공부를 할 수 없다. 육아와 공부의 병행은 장기레이스다. 아이가 크기 전까지 시간이 많으니 절대 단거리 달리기를 하듯 무리하게 공부하지 말고 페이스 조절을 잘하자.

4. 오늘은 내 인생의
가장 젊은 날이다

엄마로서 사는 지금도 참 행복하다. 하지만 앞으로 나 자신의 모습으로 인생을 행복하게 살기 위해서는 이런 달콤한 유혹을 이겨 내야 한다.

나이에 따라서 해야 하는 게 정해져 있다고 생각하는 건 명백한 일반화의 오류다. 만약 20대에 해야 할 몇 가지, 30대에 해야 할 몇 가지, 그리고 40대, 50대 등등. 정말 이렇게 나이에 맞게 뭔가를 해야 하고 하지 말아야 하는 이론이 맞는다면 모든 사람의 죽는 날도 똑같아야 한다. 사람마다 끝이 다른데 나이에 맞춰서 뭔가를 똑같이 해야 한다는 건 말도 안 된다. 겨우 나이 때문에 도전을 주저하기에는 우리 인생이 너무 아깝지 않은가. 지금이라도 도전하자. 인생에 가장 젊은 날은 바로 오늘이다.

꼭 공인중개사 공부를 하라는 것이 아니다. 자기가 하고 싶고 할 수 있는 일은 사람마다 다르다. 나이가 들었다고, 전업주부라고 해서 가슴속에 꿈이 없는 건 아니다. 아이가 자는 동안 자기가 하고 싶은 일이 뭔지 생각해보자. 그리고 자신의 꿈과 관련된 직업을 생각해봐라. 들어가고 싶은 직장이 아니다. 어릴 적 장래희망에 직업을 적었었지, 입사하고 싶은 회사 이름을 적은 친구들은 없었다.

예를 들어 인테리어 일을 하는 게 꿈이었고 결혼 이전에도 그 일을 해왔다면 다시 공부하고 그 분야 일을 시작하면 된다. 방법은 많다. 근래 인테리어 업체에서는 성과제로 시간제 근로자를 채용하고 있다. 아니면 인테리어에 관련된 분야로 창업해도 좋다. 어차피 우리가 들어가고 싶어 하는 꿈의 기업들도 처음에는 누군가의 기업가적 마인드로 창업한 결과의 산물이니 말이다.

아이를 등에 업고 홈페이지를 만드는 법을 배우러 다닌 한 엄마가 있었다. 홈페이지를 가르치는 선생님은 아이를 업고서라도 홈페이지 만드는 걸 배우러 온 그녀에게 더 애착을 두고 가르쳐주었다. 그분의 남편은 소형전자제품 고치는 일을 하고 있었는데 남편의 월급으로는 아이를 키우기가 벅찼다. 그래서 아내는 남편에게 퇴직을 권했다. 대신 아내가 홈페이지를 개설해서 수리 신청을 받고, 남편이 소형전자제품을 고쳐 택배로 보내는 시스템으로 창업했다. 당시 그런 시스템을 갖추고 영업을 하는 곳이 거의 없었기 때문에 사업은 대박이 났다.

이처럼 꼭 책으로 하는 공부가 아니어도 좋다. 열정 앞에서 무엇이 문제가 될까. 아이를 데리고 자기계발을 한다는 게 쉽지는 않지만 그렇다고 불가능한 일도 아니다.

Chapter 2

엄마는 창업 맞춤 인재다

1. 취업, 경단녀가 아니어도
나이에서 밀린다

경단녀, 풀네임은 경력 단절녀이다. 결혼, 출산, 육아로 퇴직해서 직장 경력이 단절된 여성을 말한다. 전업주부인 나를 지칭하는 또 다른 말이기도 하다. 그런데 결혼을 한 경단녀가 아니더라도 내 나이를 먹고서 재취업을 하려면 쉽지가 않다. 잔인할 수도 있지만 객관적으로 생각해보자.

나이가 많다면 일단 서류에서부터 탈락이다. 왜냐하면, 회사는 조직 사회이기 때문에 조금이라도 생산성을 높이려면 사내 분위기가 중요하다. 그런데 회사의 막내 직원보다 나이가 많은 사람을 신입사원으로 채용하면 사내 분위기가 흐트러질 가능성이 크다. 일단은 기존에 있던 직원이 상당히 불편해진다.

후배인데도 나이가 많으면 호칭이 어중간하고 일을 가르쳐주려고 해도 나이가 적은 후배일 때보다 대하기가 불편하다. 일과 관련된 면뿐만 아니라 평소에도 대하기가 쉽지 않다. 경력 사원이 한 명 들어온다고 해도 기존 직원들보다 나이가 많으면 기업 측에서는 위험 부담이 따른다.

회사의 한 직원은 직장 내에서 연차도 많이 되고 일도 잘한다고 정평이 났었다. 하지만 헤드헌터를 통해서 들어온 나이가 많은 새로운 직원과 너무 맞지 않아서 이직을 결정하였다.

그 사람이 퇴사하는 날 우연히 복도에서 마주쳤는데 당시 했던 말이 "저 오늘부로 그만뒀어요. 새로운 사람이랑 너무 안 맞아서요. 이제는 소변도 이쪽으로 안 눌 겁니다. 하하"라고 했으니 오죽 새로운 사람과 맞지 않았을까 싶다. 이후에도 기존에 있던 다른 직원들의 움직임이 심상치 않았다.

분명한 건 회사로서 일 잘하는 인재 한 명을 잃었다는 사실이다. 이렇게 나이만 보더라도 기업 측에서 부담해야 하는 위험이 크다. 그런데 아이를 위해 몇 년이나 집에 있던 전업주부를 써주는 회사는 거의 없을 것이다.

2. 나는 직장보다 가정이 먼저다

운 좋게 서류가 합격해서 면접에 갔다 하더라도 어김없이 날아오는 질문이 있다.

"당신은 일이 먼저냐? 가정이 먼저냐?"

나는 지금까지 전업주부로 가정의 일을 해왔다. 기존의 이 일을 포기하고 새로 회사 일을 구하는 것이 아니다. 전업주부의 일도 하고 거기다 나와 가족을 위해서 돈을 벌고자 면접장에 나왔다. 가슴에 손을 얹고 솔직히 답했을 때, 나는 '가정'이 먼저다.

그런데 남편에게 같은 질문을 하니까 '일'이 우선이라고 했다. 왜냐하면 자신보다 더 집안일을 잘하는 내가 있으므로 나를 믿고 일에만 집중할 수 있기 때문이라고 했다. 섭섭했느냐고? 아니, 전혀! 오히려 내가 지금까지 전업주부로서 일을 잘해왔구나 싶었다.

근데 이게 지금은 좋을지 몰라도 취업을 한다면 좋지 않다. 내가 회사에 다니게 되었을 때 집에 무슨 일이 생기면 남편의 머릿속에는 집안일은 아내가 잘하기 때문에 아내가 알아서 할 거라는 인식을 가지고 있을 테니 말이다.

집안일과 회사 일을 병행하고자 하는 경우 시간제로 일을 하거나, 조건을 낮춰서 적은 임금을 받으며 일을 할 수도 있다. 하지만 난 '1인 기업으로 프리랜서나 창업'을 추천한다.

3. 취업 말고 창업

우리 집 앞 토스트 가게는 동네에서 장사가 잘되는 곳 중 하나다. 공휴일은 휴무이고, 주 중에도 오전 11시에 문을 열고 오후 6시면 문을 닫는다. 가게가 열려 있는 시간이 짧아서 장사가 잘 안 될 거로 생각하면 오산이다. 나 같은 고객만 보더라도 저녁에 그 가게를 갔을 때 문이 닫혀 있는 걸 보고 문 앞에 적힌 개점시간과 폐점시간을 잘 숙지해두었다가 이후로는 그 시간에 맞춰서 가게에 방문했다.

이 사실만 보더라도 창업이 취업과 다른 점을 발견할 수 있다. 회사는 출근 시간과 퇴근 시간이 정해져 있지만, 창업은 그렇지 않다. 창업은 회사에 다닐 때와는 달리 자율적이다. 그리고 회사원은 자신이 일하는 시간에 비례해서 월급을 받지만, 창업은 그렇지 않다. 가게가 열려 있는 시간이 짧다고 하더라도 고객이 가게의 시간에 맞춰서 방문한다.

오프라인 사업이 아니라 온라인 사업은 더 장소와 시간에 구애받지 않는다. 예를 들어 앱을 개발하는 사업만 봐도 그렇다. 앱을 만들어 놓으면 시간에 구애받지 않고 사용자들은 내려받기를 통해 사용한다. 그렇다고 수익이 회사원의 월급보다 무조건 적은 것도 아니다. 오히려 사업이 잘된다면 월급쟁이 급여보다 나을 수 있다.

또한 가게 주인에게 볼 일이 생기거나, 아이가 아프기라도 하면 문 앞에 '출장 중' 팻말을 걸어놓고 잠시 가게 문을 닫고 볼일을 보거나 아이를 데리고 병원에 다녀올 수도 있다.

그런데 막상 창업하려니 '망하면 어쩌지'라는 막연한 두려움에 휩싸인다. 실제로 다른 나라에서 창업을 꺼리는 이유가 '아이템 선정의 어려움, 정보 부족'인데 반해, 한국인이 창업을 꺼리는 가장 큰 이유는 '두려움'이라고 한다.

하지만 두려워할 필요가 없다. 초기 자본이 많이 드는 사업의 경우야 망하면 패가망신할 정도로 위험이 크지만, 초기 자본이 적게 드는 소자본 창업의 경우 위험이 그리 크지 않다. 예전처럼 억 단위의 투자가 아니라 1000만원으로 시작할 수 있는 소자본 창업이 많다.

예를 들어 인터넷 오픈마켓부터 시작해서 숍인숍 창업, 어른들을 대상으로 한 홈클래스 창업, 1인 기업 등이다. 소자본창업에 관한 책이 시중에 많으니 자신에게 맞는 책을 한 권쯤 읽어보기를 추천한다.

4. 생계형 창업이
아닐 수 있는 사람, 엄마

일반적으로 창업 후 생존율이 낮은 이유는 '생계형 창업'이기 때문이다. 생계형 창업은 말 그대로 당장 먹고살 돈을 벌기 위해서 창업을 하는 것이다. 이런 생계형 창업은 실패할 가능성이 클 수밖에 없다.

창업 전에는 철저한 준비가 필요하다. 아이템 선정부터 시작해서 사업 계획서 작성과 마케팅 전략 등 준비 기간이 길고 완벽할수록 창업 후 생존율은 높아진다. 하지만 생계형 창업은 철저한 준비 없이 짧게는 3개월 만에 창업을 한다. 그리고 자신의 분야가 아닌 전혀 다른 분야에서 무턱대고 창업을 하는 것도 실패 요인 중 하나다.

예를 들면 50~60세까지 평생 회사에서 사무직으로 일하다가 퇴직 후 3개월 만에 치킨집을 차린다면 성공할 가능성이 얼마나 될까? 자기가 관심 있어 하던 분야에서 자기만의 경쟁력으로 차별화해서 창업해야 성공 확률이 높아진다. 그러려면 창업 전에 창업 교육에 많은 시간을 투자해야 한다.

그리고 무엇보다 창업에서 가장 중요한 건 자금력이다. 창업 후에 바로 고객이 많이 오고 수입이 많다면 얼마나 좋겠냐만은 현실은 그렇지 않다. 고객들에게 내 사업아이템이 있다는 존재가 알려지고 고객이 사업아이템을 이용하기까지는 최소 6개월에서 1년이 걸린다. 그리고 고객들이 사업성이 있는 아이템을 습관적으로 소비하기까지 최소 3년 이상이 걸린다.

그런데 생계형 창업의 경우 당장 먹고 살아야 하니 3년은커녕 6개월을 버티기조차 쉽지가 않다. 6개월을 버텼다고 해도 최소 3년까지는 수입이 적기 때문에 생존율은 점점 더 낮아진다. 그리고 창업은 경기에 민감하므로 수입이 들쑥날쑥이다. 만일 경기가 안 좋은 때에 창업한다면 문제는 더 심각해진다. 경기 회복 후에는 높은 수익을 창출할 수 있는 사업성 있는 아이템인데도 불구하고 경기가 안 좋은 상황에는 얼마 버티지 못한다. '사업에 성공하기 위해서는 가지고 있는 돈이 많아야 한다'라는 말이 괜히 있는 게 아니다.

그러면 여기서 한 가지 의문점이 든다. 생계형 창업이 아닐 수 있는 경우가 과연 있는가? 퇴직 후에 창업하는 때도 생계형 창업이고, 취직 대신에 창업을 선택하는 청년들도 당장 벌어서 먹고 살아야 하는 생계형 창업인데 과연 누가 생계형 창업이 아닌 기업가적 창업을 할 수 있을까?

있다. 바로 전업주부다. 전업주부에게는 아이가 어린이집 혹은 학교에 가 있는 동안 관심 있는 분야를 배울 수 있는 시간이 있다. 창업교육과 사업계획서 작성, 마케팅 전략까지 창업 준비에 많은 시간을 투자해서 창업 생존율을 높일 수 있다.

그리고 가장 중요한 '지속적인 자금력'을 갖추고 있다. 남편이 회사에서 고정적인 월급을 받고 있기 때문이다. 이 조건은 창업 후 손익분기점을 넘어 순이익이 발생하기까지의 시간을 버틸 수 있는 근간이 된다. 손익분기점 시점부터는 오히려 생존율과 함께 순수익도 올라간다.

남편이 회사에서 월급으로 고정적인 수입을 창출하고, 아내가 창업으로 유동적인 수입을 창출하는 건 최고의 조합이라고 할 수 있다. 아내가 창업 후 오랜 시간 동안 사업의 입지를 키워간다면 추후 남편이 퇴직한다고 해도 경제적 어려움에 빠질 확률이 낮다.

아내가 창업하지 않아도 어차피 남편의 퇴직 후에는 창업을 고려해야 한다. 남편이 정년을 채우고 퇴직을 한다고 해도 그때 창업을 하는 것보다 일찍 도전하는 것이 성공률이 훨씬 높다. 합리적인 선택을 하자. 그때가 되어서 생계형 창업을 할 것인가. 아니면 지금 더 나은 조건에서 도전할 것인가.

창업을 아무나 하느냐고 반문할 수도 있다. 물론 창업은 아무나 할 수 없다. 하지만 전업주부는 아무나가 아니다. 우리는 깨보다도 더 작은 세

포를 두 발로 걸어다닐 수 있는 인간으로 키워낸 위대한 엄마다. 그런 우리가 뭘 못할까. 우리니까 창업을 할 수 있다. 그러나 일을 다시 하게 되는 시기가 오더라도 절대 잊어서는 안 될 중요한 것이 있다.

Chapter 3

행복 테크

1. 돈이 성공의 척도일까?

　돈의 필요성이야 굳이 말하지 않아도 모두가 알고 있다. 돈은 중요하다. 돈이 있어야 먹고 살 수 있고 기본적인 생활이 가능하다. 그리고 경제적으로 여유가 있어야 삶의 행복까지 추구할 수 있다.

　미래를 위해서 낭비하지 않고 저축을 하는 것은 중요하다. 우리가 언제까지 살지 모르니 미래를 준비해 놓아야 한다. 만일 현재의 행복을 위해서만 소비를 한다면 노후에는 기본적인 생존권조차 위협받을 수 있기 때문이다. 하지만 우리는 정말 중요한 걸 잃어버리고 사는 건 아닐까.

　제약회사에 근무할 때의 일이다. 내가 다니는 종합병원의 입구는 휠체어를 타는 환자들을 위한 약간 경사진 오르막길로 되어 있었다. 어느 날 잠시 밖에 볼일을 보기 위해 병원에서 나가려고 하는데 뒤에서 쉰 소리로 누군가를 불렀다.

"잠시만요."

주변을 둘러보니 아직 이른 아침이라서 그런지 사람이라고는 나밖에 보이지 않았다. "네?" 하고 돌아보니 한눈에 보기에도 기력이 많이 약해 보이는 할아버지가 휠체어에 타고 계셨다. 할아버지가 내게 부탁하려는 게 뭔지 단번에 알 수 있었다. 짧은 거리의 이 낮은 오르막길이 할아버지 께는 많이 부담되실 듯했다.

"휠체어를 밀어드릴까요?" 하고 묻자 할아버지께서는 고개를 끄덕이셨다. 1분도 채 안되는 오르막길이 끝나고 평탄한 복도가 나오자 할아버지 께서 이제 혼자서도 갈 수 있으신지 고맙다는 인사를 건네셨다.

결혼 이전에 나는 멋진 싱글이 꿈이었다. 하고 싶은 일도 많았고, 하루 하루가 행복한데 굳이 결혼할 이유가 없었다. 혹시나 결혼한다고 해도 마 흔이 넘으면 하려고 했다. 그런데 이 할아버지의 휠체어를 밀어준 후로 생각에 많은 변화가 찾아왔다.

돈을 아무리 많이 번다고 한들 휠체어를 굴릴 만큼의 힘도 없을 정도로 늙으면 그때는 누가 내 휠체어를 밀어줄까. 돈이 많아서 특실에서 지내고 휠체어를 밀어줄 사람을 고용한다 해도 삶이 무슨 의미가 있을까. 내가 그 정도의 나이가 되면 사랑하는 부모님과 언니는 이미 세상에 없을 수도 있다고 생각하니 오래 사는 것이 마냥 좋은 것만은 아닌 것 같았다.

사랑하는 사람들이 모두 내 곁을 떠나는 슬픔, 나중에는 사랑하는 사람을 잃는 고통이 싫어서 그 누구와도 친분조차 쌓을 수 없을 것 같았다. 그래서 나이가 들어 병원에서 지낼 순간이 오면 휠체어를 밀어줄 자식이라도 있어야 할 것 같았다. 그게 아닐지라도 적어도 내가 세상에 오래 있어 주기를 바라는 가족이 있어야 할 것 같았다. 그래서 결혼을 결심했다.

그런데 막상 결혼하고 아이를 낳으니 생각이 바뀌었다. 친정아버지는 할아버지의 "부모님의 산소에 가고 싶다"라는 말씀 한마디에 벌초를 가실 때마다 다리가 불편하신 할아버지를 묘가 있는 산 중턱까지 업고 다니셨다. 친정엄마는 시어머니를 대신해 어린 언니를 등에 업고 왕복 4시간이 넘는 병원까지 버스를 타고 약을 타러 다니셨다.

특히 외할아버지께서 중풍에 걸리셔서 돌아가시기 전까지의 9년이란 시간 동안 친정엄마가 외할아버지를 직접 등에 업고 걸으면서까지 병원에 다니셨으니 그 정성이 보통이 아니다. 이후로도 부모님께서는 혼자 계신 외할머니께서 편찮으실 때면 우리 집으로 모셔 와서 병간호를 해드렸다. 그 시간이 짧게는 몇 개월, 1년이 넘을 때도 있었다. 병원에서 이제 더는 안 와도 괜찮다고 하면 그제야 외할머니를 고향으로 모셔다 드렸다. 외할머니께서 우리 집에 계실 당시 "장모님, 회사 다녀오겠습니다" 하고 아침 인사를 드리고 출근하시는 아버지의 모습이 아직도 눈에 선하다.

이렇듯 친정 부모님께서는 효가 무엇인지 행동으로 보여 주셨다. 부모님은 양가 부모님께 부족함이 없는 아들, 딸이었다. 그래서 나 또한 부모님이 그래 오셨듯이 자식된 도리를 다할 것이다. 하지만 정작 부모님께서는 자식에게 짐이 되고 싶지 않다고 말씀하시며 나이가 더 들면 요양원에 갈 거라는 말씀을 종종 하신다.

아기를 키우기 전에는 이런 부모님의 마음을 이해할 수 없었는데 이제 부모가 되고 보니 부모님이 하시는 말씀이 어떤 의미인지 조금씩 알 것 같다. 결혼 전에는 휠체어라도 밀어줄 자식이 있어야겠다고 생각했지만, 막상 아이를 낳고 키우다 보니 아이에게 이런 걸 바라는 것조차도 미안한 마음이 든다. 단지 아이가 행복하게 잘살기만 한다면 그것으로 충분하다.

2. 오늘이 마지막이라면

그 전까지는 영업을 하며 의사 선생님만 찾아다니며 인사 드리기에 바빴는데, 할아버지의 휠체어를 밀어드린 후로는 병원의 다른 모습들이 눈에 들어오기 시작했다. 외래 진료실에 오는 환자들은 통원 치료를 하는 사람들이라서 평소 길에서 마주치는 일반 사람들이다.

하지만 병동 앞의 광장만 가더라도 환자들의 삶을 그대로 엿볼 수 있다. 광장의 중심에서 사람들이 준 음식을 먹고 나는 걸 포기해야 할 정도로 뚱뚱해진 비둘기들이 뒤뚱거리며 걷고 있다. 살찐 비둘기 옆에는 앙상하게 마른 환자가 휠체어에 앉아 있다. 코에는 호스가 꽂혀 있고 반쯤 풀린 눈의 초점은 어디를 응시하고 있는지 모르겠다. 그 옆에는 아내로 보이는 중년의 여성이 혹시 남편이 춥지는 않을까 카디건을 가지고 있다가 어깨에 덮어준다. 이곳에 앉아서 주변을 살필 때면 세상이 회색빛으로 물드는 듯한 착각에 빠진다.

종합병원은 층수마다 진료과목과 입원실이 다르다. 5층에는 산부인과 병동이 있었는데 병실 앞에는 '출산을 축하합니다', '고생했어요. 여보', '우리 며느리 대단하다' 등등 한 생명이 태어남을 축하하기 위해 축하메시지가 적힌 화분들이 가득 진열되어있다. 여기를 지날 때면 한 생명이 사랑을 받기 위해서 태어났다는 말이 무슨 말인지 알 것 같았다.

반면 주차장으로 가는 길에는 병원에 속한 장례식장이 있다. 장례식장 옆을 지날 때면 사람들의 곡소리가 들려온다. 장례식장 안, 향로 뒤로 젊은 남자의 영정 사진이 보인다. 영정 앞에는 남자가 세상에 두고 간 큰아들과 부인이 보인다. '죽는다'는 의미조차 모르는 작은아이는 아버지가 돌아가셨다는 것이 무엇을 의미하는 것인지도 잘 모르고 장례식장을 뛰어다니며 놀고 있다. 두 아들과 부인을 남겨둔 채 교통사고로 세상을 떠난 이 젊은 남자는 어제 자신이 죽을 거란 걸 상상이나 했을까. 이렇게 병원을 둘러보면 삶과 죽음이 그리 멀지 않다는 걸 느낀다. 이 중 어떤 모습이 내 모습이 될지는 아무도 알 수 없다.

한 번씩 남편에게 큰소리칠 일이 생길 때면 남편의 뒷모습을 바라보며 공상에 빠진다.

'남편에게 이 일에 대해서 화를 내고 싸운 뒤에 내가 갑자기 죽게 된다면 남편에게 나는 윽박지르고 싸움을 걸던 아내로 남겠지. 그리고 다시는

내가 화를 내고 소리친 것에 대해서 사과할 기회는 오지 않겠지.'

이 생각을 하면 그 일이 무엇이 됐든지 간에 가슴속에서 불타던 불덩이가 입 밖으로 튀어나오기 전에 눈 녹듯이 녹아버린다.

그리고 조금 시간이 지나 돌이켜보면, 대부분 내가 화를 내려고 했던 일들은 남편이 틀린 게 아니라 단지 나와 남편이 달라서 생긴 일일 뿐이었다. 남편의 아내가 내가 아니라 다른 누군가였다면 문제라고 인식조차 못할 당연한 일일 수도 있다.

미래만을 위해서 필요 이상으로 절약하며 오늘의 행복을 포기하지 않았으면 좋겠다. 사람마다 생각이 다르고 취향이 다르듯 돈보다 더 가치 있는 것 또한 다르다. 나는 결혼식에 대한 로망이 없었기 때문에 결혼식 비용을 아꼈지만, 어떤 사람에게는 한 번뿐인 결혼식에서 예쁜 드레스를 입는 것이 평생의 꿈일지도 모른다. 이 사람은 큰 비용을 내더라도 예쁜 드레스를 입어야 한다.

이런 특별한 이벤트뿐만 아니라 평소의 소비도 마찬가지다. 내 경우에는 책이 주는 즐거움이 돈이 주는 행복보다 더 크다고 생각한다. 하지만 다른 사람에게는 이런 책이 아니라 다른 부분이 돈보다 더 큰 행복감을 안겨줄 수 있다.

가령 레고를 좋아하는 사람이 있다고 가정해보자. 레고를 좋아하지 않는 다른 사람이 볼 때는 돈을 낭비하는 것처럼 보이지만 이 사람에게는 돈이 주는 행복감보다 레고가 주는 행복감이 더 크다. 만약 이 사람에게 레고를 사지 못하게 한다면 이는 이 사람의 인생에서 큰 행복을 빼앗는 일이 될 것이다. 돈이 인생의 행복보다 우선시 될 수는 없다. 돈보다 더 큰 행복감을 주는 소비라면 돈을 써야 한다. 그리고 어쩌면 이 사람의 경우 레고 수집을 위해서 돈을 더 많이 벌고자 노력할 수 있다.

하지만 오늘이 마지막이라면 열심히 일해서 더 많은 돈을 벌고자 하는 사람이 과연 있을까. 아마 없을 것이다. 대부분 돈과는 전혀 무관한 무언가를 할 것이다. 아이를 꼭 안아줄 수도 있고, 부모님을 찾아뵙고 감사의 말씀을 드릴 수도 있다. 또는 사랑하는 이에게 전화해서 그동안 고마웠고 사랑한다는 말을 남길 수도 있다.

이런 모든 것들이 돈보다 더 가치 있는 일이다. 시간은 우리를 기다려주지 않는다. 그래서 평소에 부모님과 남편, 사랑하는 모든 이에게 최선을 다해서 내가 지닌 능력 그 이상으로 사랑하려고 노력해야 한다. 돈이 인생의 목적이 되어서는 안 된다. 돈은 이런 행복을 위한 수단이어야 한다.

만약 시간이 허락된다고 할지라도 다르지 않다. 누구에게나 더 이상 심장이 제 역할을 못할 시기가 온다. 이 시기가 오면 취미생활을 하는 것도, 혼자 양말 하나를 신는 것조차도 버거워질 것이다. 어쩌면 배우자는 이미 세상을 떠난 후 나 혼자가 됐을지도 모르고, 자식들은 그들의 아이를 키우며 살기 바쁠 것이다.

두려움 속에서 하루하루를 연명해야 하는 이 날이 오면 사랑했던 사람과 함께 보냈던 지난날들을 추억하며 버텨야 할 것이다. 이 시간을 보내기 위해서는 젊은 날 예금 통장에 돈만 채울 것이 아니라 기억 속 사진첩에 행복한 순간들을 채워 넣어야 하지 않을까.

세상의 모든 엄마들에게

사람은 모두 다른 환경 속에서 살아갑니다. 매일 아침 자신의 일부와 같은 아이를 떼어 놓고 출근하는 워킹맘이 있습니다. 그리고 그 아픔을 참지 못해 육아맘을 선택한 이들도 있을 것입니다. 누가 맞고 틀렸다고는 말할 수 없습니다. 누구든 자신이 놓인 환경 속에서 최선의 선택을 했기 때문입니다. 어떤 선택을 하든 당신은 아이에게 있어 이미 부족함이 없는 최고의 엄마입니다. 세상의 모든 엄마를 응원합니다.

마지막으로 세상의 빛을 보게 해주신 나의 어머니께 이 책을 바칩니다.

돈 없어도 나는 재테크를 한다

초판 1쇄 | 2016년 8월 30일

지은이 | 윤성애
펴낸이 | 이금석
기획 · 편집 | 박수진
디자인 | 한은희
마케팅 | 곽순식
경영 지원 | 현란
펴낸 곳 | 도서출판 무한
등록일 | 1993년 4월 2일
등록번호 | 제3-468호
주소 | 서울 마포구 서교동 469-19
전화 | 02)322-6144
팩스 | 02)325-6143
홈페이지 | www.muhan-book.co.kr
e-mail | muhanbook7@naver.com

가격 13,500원
ISBN 978-89-5601-341-1 (03320)